出雲神話

松前　健

講談社学術文庫

まえがき

出雲神話は、日本神話の中でも、とくに謎とされている面が多い。ひとくちに出雲神話と呼ばれているものには、二通りのものがある。記紀の神代の巻に出てくる、出雲を舞台とする物語がひとつであり、もうひとつは『出雲国風土記』に記される、出雲国の風土伝承である。

両者とも同じ名の神々や地名が出てくるのであるが、両者はあまりにも相違がある。記紀にあらわれる出雲の神々の世界は、天つ神の住む高天原《たかまのはら》に対立する、国つ神の一大パンテオンを形成し、その眷属神《けんぞくしん》の勢力範囲は、出雲国を越えて、全国にまたがっている。『風土記』の中に出てくる出雲の神々は素朴で、土臭い霊格にすぎず、そうした面はみえない。ひとことで言えば、前者は国家的・政治的な理念で拡大された「虚像」であり、後者は、そのままの「実像」だといえよう。

本書で扱おうとしている課題と目標は、この両者の関係の究明であり、後者から前者へと変容していった過程およびこれの背景をなす政治的・社会的・歴史的事情の解明である。

従来の多くの研究では、この「虚像」の成立を、ただ少数の中央貴族たちの作為に基づくと説くとか、またさらに焦点をしぼって、奈良時代前後のころの、二、三の特定人物の創作に帰するとか、あまりにも安直、かつ証拠不十分な解釈で、さっさと片づけてしまったのである。

スサノオが、御子のイタケルとその姉妹の女神を帥《ひき》いて、船に樹木の種子を載せ、紀伊の国から全国に播《ま》き植えたというような伝承や、オオナムチが、スクナヒコナとともに、日本全土に、人間と家畜の医療・禁厭《まじない》の法を授けてまわったというような伝承が、『日本書紀』に記されているが、それらまでことごとく中央貴族の政治的創作だと決めつけるわけにはいかないのである。どうみても、これらは民間の伝承であると考えられる。

したがって、こうした記紀の「虚像」は、かならずしもすべてが「虚像」ではなく、ある程度、民間信仰に基盤を置いている「実像」の部分もあると考えなければならないのである。そうした究明には、民俗学や民族学の方法が必要となるであろう。

また一面に、その相違が、どのような政治的・社会的事情によって生じたのであるかは、歴史学的な方法によって明らかにされるであろう。朝廷と出雲国造家一族との交渉関係の解明が、必要となるからである。

もちろん、『風土記』にあらわれている「実像」としての出雲神話が、当時のその地の神社の分布や、在地の豪族の勢力関係と密接に結びついていたことは明らかであるし、その「実像」の解明には、考古学的な遺跡や遺物の参照が必要とされることも確かである。要するに、出雲神話の謎解きには、民俗、民族、文献、考古学等のいろいろの分野からの綜合的・多角的な視野が必要とされるのである。

本書は、「実像」「原像」である『風土記』伝承の解明よりも、むしろ記紀の「虚像」の成立過程および事情の究明に、焦点をあてようと試みている。したがってここでは、『風土記』のひとつひとつの説話についての考察はなされてはいない。その点を御了承願いたい。

私のこうした立場と方法による出雲神話論は前著の『日本神話の形成』（塙書房）や、『日本の神々』（中央公論社）にも、述べておいた。この書はもっとわかり易くかみくだき、また『風土記』の風土伝承にも注意して、まとまった出雲神話論の入門書として書き下したものである。自説の展開ばかりでなく、従来の諸説や研究の成果なども、平易に解説したのは、将来この課題にとり組みたいと志す若い世代の方々への指針・参考になればという気持ちからである。

また同時に古代史ブーム、神話ブームの風潮にのり、ともすればいたずらに人の耳目を驚かせるばかりの奇説・怪説・僻説《へきせつ》が公然と濶歩《かっぽ》して、基礎知識に暗い大向うやジャーナリズムの喝采を浴びるというような時代的傾向に対しても、現在の学界での穏当な水準を示し、社会一般の古代史認識と理解度を高めたいという、著者のささやかな希望も含まれている。したがって、一般用読物としての立場から書いたつもりである。なお、こまかな文献考証などをお求めの方は、私の他の専門研究書をお読みいただければ幸いである。

本書刊行にいたるまで、いろいろと御尽力下さった学芸図書第一出版部の鷲尾賢也氏をはじめ渡辺美智子さんほか編集部の皆様に衷心よりお礼を申しあげたい。

昭和五十一年五月

松前健

目次

出雲神話

1　出雲神話の謎

記紀の出雲神話とは何か

『古事記』や『日本書紀』に記されている日本の古典神話をひもといて見ると、まずだれでも素朴な疑問を持つことは、神々の活躍する舞台が、地上の出雲国になっている場合が、なぜかひじょうに多いということである。

スサノオやオオナムチが活躍する、いわゆる「出雲神話」の部分は『古事記』では、神代の巻の物語の約三分の一くらいもの大きなスペースが割《さ》かれているが、この部分以外にも、出雲の地名は、記紀に、しばしば顔を出してくる。崇神《すじん》・垂仁紀《すいにんき》における、出雲の神宝を朝廷で召しあげようとした話、垂仁の皇子ホムチワケが出雲の大神の祟《たた》りで口がきけなくなった話、景行《けいこう》紀のヤマトタケルとイズモタケルの、真大刀《まだち》と木大刀《きだち》との闘争の話、さらにもっと時代を下げると、斉明《さいめい》紀に、斉明女帝が出雲の神の祟りを恐れて、厳神《いつかしのかみ》の宮を修復したという記事等々、じつに出雲がひんぱんに登場するのである。大和朝廷の支配下にあった、あまたの国々の中で、出雲だけがなぜこのように特別扱いをされているのであろうか。

ここで、崇神・垂仁朝以降の、いわゆる人代以後の物語は、いちおう別扱いとして、神代だけをとりあげてみても、出雲の名は、最初に近い部分から登場する。それも多くは死者の

神話時代からの歴史を秘める出雲大社

世界と関連して語られている。

イザナミが火の神カグツチを生んで死に、葬られた地は、『古事記』では出雲と伯耆《ほうき》の国境《くにざかい》の比婆《ひば》の山であるといい、またその夫のイザナギが、黄泉《よみ》の国から逃げかえってくる途中、大岩を置いて、イザナミの率いる邪鬼《じゃき》たちを防いだという、ヨモツヒラサカは、同書によると、出雲のイフヤ坂であると記されている。ここでは、出雲は、現世・地上の世界と、地下の冥府《めいふ》・死者の世界との境にある国のような印象を受ける。イザナミ女神は、ヨモツ大神と呼ばれ、ギリシア神話のペルセフォネや北欧神話のヘルのような、死者の世界の女王なのであるが、この女神の墓が出雲にあるという伝えは、出雲という地に対する古代人の感覚をあらわしている。

次に、スサノオの出雲下りから始まる、いわゆる出雲神話である。スサノオは高天原《たかまのはら》でさんざん乱暴を働き、姉のアマテラスを怒らせ、アマテラスの石屋《いわや》隠れの後、罪を問われて、根の国に追放される。根の国とは一般に底《そこ》の国とも呼ばれ、黄泉《よみ》の国とも同一視されている死者の世界であるが、この根の国に下るはずの予定が、たちまち出雲に舞台が移され、簸《ひ》の川（斐伊《ひい》川）の上流での、例の八岐大蛇《やまたのおろち》退治の話となっている。ここでもスサノオが根の国に赴《おもむ》く途中、出雲に立寄るのだから、出雲はやはり現世とあの世との境にあるわけである。

スサノオがクシナダヒメと新婚の宮居を造って住んだのは、『古事記』によると出雲の須《す》賀《が》であり、そこで多くの国つ神の祖神となるのであるが、また一面に根の国とも関係を持ち、『日本書紀』の一書の伝えによると、根の国に渡ったとも記され、また『古事記』のオオナムチの根の国訪問の話では、根の国の大神となっている。ここでの根の国にも、やはりヨモツヒラサカがあって、現世との境をなしていた。ここでも出雲は、幽冥界《ゆうめいかい》と結びついている。オオナムチがここからもどって出雲の宇迦《うか》の山の麓《ふもと》に住むのである。

出雲の国作りの大神であり、典型的な英雄神であるオオナムチは、記紀ではスサノオの子だとも、その六世の孫だとも伝えられるが、いわば生粋《きっすい》の「出雲っ子」であり、その国作りの話は、ほとんど出雲とその付近を舞台としている。因幡《いなば》の白兎、八十神《やそがみ》による数々の迫害と死からの蘇生譚《そせいたん》、小童神スクナヒコナとの国作り、また最後の稲佐《いなさ》の浜での国譲りなどの話、等々みなそうである。

オオナムチもしばしば他界と結びついていることは、前に述べた根の国ゆきの話でもそうであるが、また国譲りの後、「八十《やそ》くまでに隠れ」、幽事《かくりごと》を掌《つかさど》る存在となったとされている。

記紀の出雲神話の政治的性格

ここで神代における出雲の登場は終わるのであるが、人代以後になると、前に述べたように、出雲の神、とくにオオナムチは、しばしば祟《たた》り、祭祀《さいし》や、社殿の建造を要求したりして、大和朝廷側を困らせ、これに対して朝廷側は、使を派遣して神宝を検校《けんぎょう》（調査）させ、その召しあげを図り、また武力で討伐して、その服属に全力を注いでいる。つまり出雲は大和朝廷の中央勢力に対し、つねに反対勢力をあらわしているように見える。

このことは、神代の出雲神話においても通用する。神代における出雲は、国つ神の総帥《そうすい》であるオオナムチとその眷属《けんぞく》神の根拠地であるとともに、皇祖アマテラスとタカミムスビの支配する天上のパンテオン、高天原《たかまのはら》の世界に対する、反対勢力の拠点でもあった。

オオナムチの支配する出雲は、現実の「出雲国」ばかりでなく、その勢力の及ぶ範囲の遠い国々、たとえば北陸の越《こし》の国や、九州の筑紫《つくし》の国などとも交渉を持ち、また大和や諏訪《すわ》などとも関係を持っている。オオナムチが越のヌナカワヒメを妻問いしたり、筑紫の宗像《むなかた》の女神を后妃《こうひ》としたり、また大和の三輪《みわ》のオオモノヌシを、みずからの分霊だとし、また同じく大和の葛城《かつらぎ》のコトシロヌシや、同じ地方の高鴨《たかかも》のアジスキタカヒコネ、また摂津《せっつ》のヒメコソの女神シタテルヒメ、信濃《しなの》の諏訪のタケミナカタなど、全国にわたる神々を、その御子神としている。

したがって、たとえば国譲りの神話でも、最初の舞台である稲佐の浜での交渉から、次にコトシロヌシとの交渉の美保の崎に移る。さらに再び稲佐の浜にもどり、それとともにタケミナカタの登場と、天神タケミカズチとの闘争となり、タケミナカタが敗退して、信州諏訪まで追いつめられて降服する。それから再び舞台は出雲の稲佐の浜に移るというふうに、めまぐるしく移動し、神々は東西にあちこちと舞台狭しとばかりに活躍するのである。もちろん中心は出雲であるが、活動範囲や勢力範囲は、もっと広く、文字通り全国的なスケールなのである。

実際の史実はどうであったかは別として、少なくとも説話の面では、天孫の国土降臨以前の日本国土には、オオナムチを総帥とする国つ神たちが、一種のパンテオンを形成し、諸国に住み、その政治的中心が出雲にあったのを、後に高天原にパンテオンを形成していた天つ神のグループたちが、皇祖のアマテラスとその御子とを奉じ、それを征服・支配させたという思想が、この出雲神話全体の構成を通じて窺《うかが》われる。

この高天原の天つ神グループと出雲の国つ神のグループと、二つの異なったパンテオンの対立は、あたかも近世の徳川幕府とこれをとりまく親藩《しんぱん》、譜代《ふだい》の諸侯たちの中央勢力に対する、外様《とざま》大名らの地方勢力の対立を連想させる。これらの二者の交渉を物語る国譲り神話も、高天原からの再三の使節の派遣と交渉、両者の代表の最後的な会談と対決、国つ神側の条件の受諾と、国つ神の恭順《きょうじゅん》と隠退など、どれを見ても、政治的・現実的な色彩に満ちたモチーフばかりである。

スサノオ・オオナムチを中心とした出雲の神々の系譜は、農耕神格が多いといわれる。『古事記』のスサノオの子のオオトシの系譜を見ると、ヒカワヒメ、フカフチノミズヤレバナ、オカミ、ミズマキ、オオトシ、ミトシ、ナツタカツヒなどというような、河川や淵などに住む水神・蛇神、稲の成育に関する神々などの名が多い。高天原系の天つ神が、タケミカズチ、フツヌシ、アメノオシヒ、アマツクメなどのような、軍事的機能を持つ神々が多いのと対照的であるとされている。

こうした対立は、いったい何をあらわすものであろうか。こうした政治的・現実的な内容を持った神話は、その背後になんらかの歴史的事実が存在していたのだろうか。もし存在していたとすれば、それはいつごろのことであろうか。またそうした神話があらわすほどの大きな政治的・文化的中心が出雲にあったという、考古学的・歴史学的な徴証《ちょうしょう》がはたしてあるのか。もし、徴証がないとすれば、そうした物語がなぜできたのであろうか。

神々の闘争の神話

このような神々の二つのグループ同士の争闘や、二つのパンテオンの対立というようなモチーフを持つ神話は、諸外国にも珍しくない。とくに文化の高い民族の古典的神話には多い。ギリシア神話におけるオリンポスの天つ神々と、クロナス神の率いる巨魔族《ティタン》との闘い、インドのヴェーダや叙事詩の中での、天つ神と阿修羅《あしゅら》・羅刹《らせつ》軍との闘い、またアイルランド神話における、ダナン神族と巨魔族フォモリアンとの闘い、およびダナン神族とミレッド族との争いなどみなこれである。

ダナン神族がミレッド族との闘いに敗れ、丘や山などに隠棲し、妖精族となってしまったとか、メキシコの文化神クエツァルコアトルが、大神テズカトリポカとの闘いに敗れ、海のはてに去ったというような話は、やはりなんらかの実際の闘争の史実が、反映しているような感じを受ける。

こうした神話の解釈についても、従来さまざまな説がとられていた。オリエントやインド・アーリア族などに、古くから言い伝えられている、善と悪、光明と暗黒の二元的世界像に基づく説話であるとか、あるいはかつての先住民族対侵入民族の対立・闘争の史実の反映であるというような説などである。

出雲と高天原との対立なども、これと同じような内容を持っているのであるが、他の民族の神話より、はるかに高度な現実性をおびている。勝った側の高天原の神々も、敗れ去った出雲の神々も、それぞれ特定の社《やしろ》に鎮《しず》め祀《まつ》られ、祭祀《さいし》を受ける。『新撰姓氏録《しんせんしょうじろく》』などにも、それらの天つ神と国つ神の子孫を称する氏族がそれぞれ現実にいたのである。

したがって、これに対する解釈として、一種の歴史解釈が行なわれ、かつて特定の集団、ないし部族、氏族が、二つに分かれ、闘争や対立を行なったことの反映であるという説がとられたのは当然である。これはある面では、妥当であるが、しかしそれを説話の語るように、その舞台を全国的なスケールのものに持っていくか、それとも出雲一国だけに限定するかは、議論の分かれるところであった。これらの謎の解明にあたって、提出された従来の代表的な諸説を次にあげて見よう。

出雲神話作為説

津田左右吉《つだそうきち》氏などによって唱えられた説であるが、天孫降臨の前提として、それ以前の国土の所有者としてオオナムチを想定し、これを服属させることによって、皇室の権威を示そうという、政治的意図《いと》のもとに作成させた架空《かくう》の説話であるというのである。そして、スサノオもオオナムチも、そうした皇室的秩序に対する敵対者として、理念的に作り出された架空の神話であるとするのである（『日本古典の研究』上）。文献主義の歴史学者や唯物史観《ゆいぶつしかん》をとる学者の中には、この説を支持する傾向が多い。

この説の長所は、出雲神話の持つ一種の「虚構性」「理念性」の指摘である。後にも述べることであるが、記紀の出雲神話は、『出雲国風土記』の出雲神話とは異なり、現実の出雲を飛び越え、全国的に拡張された「理念上の出雲的世界」を舞台としており、中央貴族の机《き》上《じょう》の作成による面が強く出ているからである。

この説の短所は、古代人の心意をあまりにも合理的に割り切りすぎ、『出雲国風土記』にも登場する出雲土着の霊格である、スサノオ、オオナムチ、オミズヌなどまで、中央貴族の政治的理念の産物であると、安直に片付けてしまったことである。現在の学界の一般的趨勢《すうせい》としては、記紀の出雲神話の中にも、実際の出雲の神格やその風土伝承がかなり含まれており、これを素材として中央がとりあげたときに、中央的潤《じゅんしょく》色を行なったのが、現在のかたちであることを認める説が多い。つまりこうした神々のその土地における実際の崇拝や祭祀の存在を認めた上で、その中央的変容を伝承の面でながめようとするのである。

「出雲の風土伝承を、中央で変容させてとりあげた」という立場は、現在のほとんどの学説がこれに属し、唯物史観の立場から出雲の伝承をとり扱う石母田《いしもだ》正氏などもこれを採用しているし、民俗学の方法で、日本神話を究明しようとした肥後《ひご》和男氏なども、これに属するといえよう。肥後氏によると、高天原対出雲の二元性は、支配貴族対農民の二元性、言いかえれば、大和朝廷の統一政策に対する、被支配者の農民層の存在を、理念的にあらわしたものであるが、出雲の政治的・宗教的な勢力が特殊であったため、出雲という名で、これが代表されるにいたったというのである（『日本神話研究』『日本の神話』）。上山《うえやま》春平氏がこの二元性を、律令制の原理の担い手と、旧来の氏姓制の原理の代表者との対立の反映で、七、八世紀ごろの中央貴族の政治的理念に基づくと考えたのも、一種の理念説である（『続・神々の体系』）。

出雲神話の形成について、中央の政治的理念性、机上作成説を、とくに強く打ち出したのは、鳥越憲三郎《とりごえけんざぶろう》氏である。氏によれば、若干の出雲の風土伝承を基礎にはしているものの、これを国家神話のワクの中に入れこみ、僻地《へきち》の一地方神にすぎないスサノオやオオナムチを、大立者《おおだてもの》に仕立てあげ、またもともと関連のない三輪《みわ》や鴨《かも》の神々まで眷属《けんぞく》神に仕立てあげたのは、記紀編纂《へんさん》にあずかった中央貴族たちであり、その造作に基づいて、出雲大社が建設され、またミワやカモの氏族も、この官製の神統譜《しんとうふ》を押しつけられたのだろうという（『出雲神話の成立』）。

こうした政治的作成説は、すべての面を合理主義的・理知主義的に解釈してしまう傾向があり、古代人の非合理的な面への追究が欠ける場合が少なくない。鳥越氏などが、出雲大社の社殿が実際に建設されたのは、記紀の国譲り神話が成立した後であり、奈良時代であると考えたことなど、その例である。

古代人の心意としては、急に中央権力によって官製の神話が押しつけられ、大きな社殿が造営されて、崇拝を強制されたりして、これを素直に受け入れ信じるものではない。古くから信じられていた神々が、中央にとりあげられて、その伝承が中央的に変容され、また古くから建てられていた高大な社殿の由来が、国家神話のワクに基づいて説明され、国譲り神話が生まれたのだという解釈の方が、より妥当性・蓋然性《がいぜんせい》が存すると考えられる。

政治的理念による作成だと考えた説の中でも、石母田正氏の説は、これの歴史的・政治的契機を、律令時代に求めたことにおいて具体的であり、すぐれている。氏によると、国譲りの神話は、天つ神の子の統治に対して、国つ神の代表として、対抗者を説話的に設定しなければならなかったという、理念的産物であるが、とくに出雲を当の相手として選んだのは、壬申《じんしん》の乱のとき、出雲系の神コトシロヌシが天武側の守護神となろうという神託を授けたことや、出雲臣狛《こま》などの天武側への加担などの事実が、朝廷を刺激したことが動機となったのだとされる。また氏はオオナムチの国作りの神話は、かつて出雲の土地を占拠し、開拓し、その集団の利益のために、他の共同体と戦った共同体の族長「国主《くにぬし》」らの歴史的回想を、特定の英雄像に投影させたもので、これに多くの風土伝承や民間説話が付加されたものと見て、「英雄時代論」による見解を打ち出している（『日本古代国家論』第二部）。

信仰的世界観に基づくという説

これも一種の理念説ではあるが、これは国家統制というような政治的理念ではなく、もともと古代日本人の信仰的世界観であった二元観や、世界観に基づくという説である。

まず原田敏明、西田長男などの諸氏によって唱えられた二元観説である。神話上の出雲的世界は、明暗、善悪、美醜、生死、建設と破壊、神と邪霊、聖と不浄、というような、二元的世界観において、光明、善美、生命の世界である高天原に対し、暗黒、邪悪、死の世界として考え出した宗教理念の産物である。したがって、まつろわぬ神や精霊、死や幽冥界に属するものが、すべて出雲という名であらわされたのだろうというのである（原田敏明『古代日本の信仰と社会』。西田長男『日本宗教思想史の研究』）。ただしかし、これだけでは、出雲という特定の国名だけがなぜそうした暗黒や死に結びつけられたかという疑いが残る。

これに対して、三谷栄一氏や、西郷信綱氏などは、出雲がなぜとくに選び出されたかという理由を具体的に説明し、出雲が一種の他界の方角にあったからという霊界方位説を唱えた。大和から見て、出雲は西方の日没する国であり、民俗学で言えば、タマカゼの吹く方角であるから、死者の霊のゆく根の国の方角も、もともとその方角にあたると信じられていたので出雲、すなわち根の国というような同一視が生じたのだという説である。西郷氏は、出雲大社が古来日隅宮《ひすみのみや》と呼ばれ、日の沈む地の宮殿を意味するところから、日の出の宮である東の伊勢神宮に対立する西方の根の国に接する社《やしろ》だと述べている（『古事記の世界』）。

三谷氏は、大和から見ると、出雲は祖霊の鎮まる西北隅《いぬい》にあたることが、出雲と他界とを結びつかせたといい、また出雲国造《くにのみやつこ》の世継《よつぎ》のさいの神賀詞奏上式《かむよごとそうじょうしき》などを朝廷が行なわせ

黄泉坂・平田市宇賀の脳磯の猪目洞窟
(島根県市町村総合事務組合提供)

米子市から境港市にかけての夜見島
(弓ケ浜)

たことも、また出雲臣らをして熊野大神クシミケヌに奉仕させたことも、また出雲の伝承を朝廷が採用したことも、西北隅の信仰に基づくという(『日本文学の民俗学的研究』『日本神話の基盤』)。

　この説によれば、出雲と根の国とを結びつけ、死霊と関係づけたのは、大和朝廷の宗教的世界観によるものということになる。神話は、それを生み出した階層の人たちの世界観のあらわれであるから、かれらの信じる霊界の方角にあたる国であるとすれば、これを神秘視することは、当然ありうることである。

　ただ多少問題になることは、その方角には、かならずしも出雲国ばかりでなく、数多くの国々がある。それらは特別視はされていないからやはり出雲国だけがとりあげられた理由の十分な説明にはならない。これに近い説として出雲霊地説がある。

　出雲の地は元来、死者や他界に結びついた信仰の霊地であったから、大和朝廷によって特別視されたのであろうという説である。折口信夫《おりくちしのぶ》、松村武雄などの諸氏は、部分的にこの説の猪目《いのめ》洞窟《どうくつ》（平田市宇賀の脳磯《なずきのいそ》）とか、『古事記』に見える「黄泉坂《よみのさか》・黄泉穴《よみのあな》」（平田市宇賀の脳磯の猪目洞窟）とか、「夜見島《よみのしま》」（弓ケ浜）とか、『古事記』に見える「イフヤ坂」（八束《やつか》郡〔現・松江市〕東出雲町揖屋《いや》）などのように、実際に他界への入口と信じられていた地が、出雲には多かったことは事実である。このような他界信仰の霊地と考えられたのは、他には南紀州の熊野があるが、ここでもイザナミの神陵があり（書紀の一書）、また神武の東征伝承では、皇兄ミケヌとイナヒの他界ゆきがあり、また神武帝の死と蘇生が語られる。それはその地の土俗信仰が、国家神話に組みこまれたからである（松前『日本神話の形成』）。出雲の場合でも、そうしたことがなかったとはいえない。出雲の国譲りの神話などは、どう見ても、神々の終焉《しゅうえん》を物語る説話である。その場所に出雲が選ばれたことは、偶然ではあるまい。

史実の中核《ちゅうかく》存在説

以上は、みな一種の理念説であり、国譲り神話のごときは、中央の構想した架空の物語で、史実の中核はありえないという考えに帰一するが（もちろん、前にあげた諸家の中でも、幾分その根底に史実を見出している説もないわけではない）、実際にかつて二つの集団、たとえば大和勢力の貴族と出雲勢力の貴族などが、相対立・抗争した記憶であるという説も、いっぽうに行なわれている。

もっとも素朴な説は、喜田《きだ》貞吉、高木敏雄、松村武雄などの諸氏の唱えた「民族闘争説」である。出雲パンテオンの神々は出雲ばかりでなく、諸国にも広く奉じられ、先住農耕民族の信仰であったが、のちに天つ神を奉じた天孫民族によって、征服・同化されるにいたったのだという説である（喜田貞吉『日向国史』。高木敏雄『日本神話伝説の研究』1再訂版。松村武雄『日本神話の研究』四）。江上波夫氏などの、いわゆる騎馬《きば》民族説もこれに属する。これは、神話に出てくる神々の二つのグループの争いを、そのまま史実としてあった民族闘争の反映だと考える説で、一種のユーヘメリズムである。実際に、出雲地方に異種族がいたという、なんらの考古学的・人類学的徴証はない。

これに対して、かなり蓋然《がいぜん》性《せい》に富む話として、「出雲氏族連合説」がある。これは民族闘争ではなくて、氏族群同士の軋轢《あつれき》、対立と見るのである。天孫系氏族群、言いかえれば大和朝廷側に立つ氏族群と対立して、出雲を本拠とし、全国的な規模で提携し合っていた氏族連合体が、出雲系氏族であり、この奉じた神が、オオナムチ、スサノオ、オオモノヌシなどであったという説である。オオナムチの眷属神として、大和の神々などがいるという事実、またこれを大和の大神《おおみわ》（大三輪）氏や鴨氏などの有力氏族自身でも認めているという事実は、この説の可能性を強める。宮地直一氏などの説がこれである。

これに対し、田中卓氏のように、出雲系の神々が大和に多く祀られるのは、出雲から畿内に移動したのではなく、逆に畿内に居住していた出雲氏族が、のちに出雲国に本貫を移し、それが最終的に大和朝廷の傘下《さんか》に服するにいたるまでの、歴史的事情を反映した説話が、出雲の国作りと国譲りの神話であるという、いわゆる「出雲氏族移住説」などもある（「古代出雲攷《こう》」「芸林」五―一三）。

また、梅原猛氏が唱えた「神々の流竄《るざん》説」などもある。天武朝以後、朝廷の政治的権威確立のため、アマテラスの崇拝を推し立て、これに対立するオオナムチなどの古い国つ神を、出雲に流し、その慰撫《いぶ》のために、大社を造営したのだという説で、その「流竄」を、律令時代のような、新しい時代の事件だとするところに特色がある。

朝廷の威に服しない神々を、辺地に流謫《るたく》するという例は、『続日本紀《しょくにほんぎ》』に見える、高鴨のアジスキ神を、雄略帝が土佐に配流《はいる》したというような事例にも見えるから、あり得ないことではないが、それにしても、出雲大社の起源は、そんなに新しい時代のこととは思えない。摂社の命主《いのちぬし》神社の境内《けいだい》から、弥生時代の銅戈《どうか》が出土していることも、ここが古い祭祀の地であることをあらわしている。『出雲国風土記』におけるこの神の活躍も、国内の東西にわたって広く語られ、新しい時代のこととは思えない。また現地の『風土記』伝承では、オオナムチとその眷属神は、「流された神」らしくはなく、鋤《すき》をにぎって国作りをする、一種の開拓神なのである。

これに対して、歴史学的にはるかに蓋然性が強いのは、井上光貞、上田正昭、原島礼二、井上実などの諸氏の唱えた、「出雲氏族交替説」である。井上光貞氏がこの説の口火《くちび》役ともいうべき役割をはたしている。出雲神話はその原型《プロトタイプ》としては、出雲だけを舞台とした局地的な史実の反映である。東部の意宇《おう》郡の首長が西部の出雲郡から神門《かんど》郡にかけての首長を滅ぼし、出雲国造に就任したという史実が、中核となったという説である（井上光貞「国造制の成立」「史学雑誌」六〇ノ一一）。これらは後に述べるように、主として、出雲の東部と西部の古墳文化の対照・対立の事実から類推したものである。
もっとも原島氏などは、東部の豪族が西部に進出したのではなく、逆に西部の神門郡の勢力が、朝廷と吉備の後押しを得て、東部勢力を圧服させたのだとしているが（「古代出雲服属に関する一考察」「歴史学研究」二四九）、いずれにしても、この交替説の中に含まれよう。

またこれに近い説として、「祭祀権掌握説」がある。これはオオナムチを、特定の豪族の神とは見ず、西部平野の農民、漁民、巫覡《みこ》、および小地域の共同体の守り神であったのを、後に、大和朝廷の指揮下にあった出雲国造家一族が、東部から西部に進出して、この祭祀権を掌握し、その由来を、国譲り神話のかたちで語ったという説である。筆者などは、ほぼこれに属する（『日本神話の形成』）。また「歴史と人物」所収「オオナムチ神話の形成」）が、なお筆者は、このほかに、次の「巫覡《ふげき》信仰宣布説」をも、大きな理由として考えている。

巫覡信仰宣布説

これは、もと高崎正秀、青木紀元、守屋俊彦などの諸氏が唱え（高崎正秀『文学以前』。青木紀元『日本神話の基礎的研究』。守屋俊彦『記紀神話論考』）、また筆者なども、これを大幅に展開させた説である。この説を要約すれば、出雲国は、特別な政治的な勢力や武力があったのではない。シャマニズムやこれに基づく医療・禁厭《まじない》などの呪術を持つ特殊な信仰文化の中心《センター》であり、それは地縁的な、従来の氏神信仰とは異なり、出雲から中国、九州、近畿、北陸、東国などにいたるまで、全国的に、巫覡《みこ》らによって宣布されたのであり、これが大和朝廷によって、大きな宗教的勢力として映った。大和の三輪や鴨の神、諏訪の神などをも、オオナムチの眷属神としているのは、たんなる朝廷側の机上のデッチあげではなく、出雲人《いずもびと》と称する巫覡たちの活動によって、それらの地方的大神の崇拝が、「出雲化」された結果なのである。出雲国造は、この新しい「出雲教」の最高司祭、巫祝王《ふしゅくおう》ともいうべき存在で、この司祭家が、オオナムチの祭祀権と同時に、出雲全体の支配権を掌握した由来話が、国譲り神話であるというのである（松前『日本神話の形成』）。

水野祐氏などは、スサノオを、従来の多くの説のように、出雲大原郡の須佐《すさ》の地方神とは見ず、もともと超地域的な、渡来氏族系の巫覡神であると考え、その社の分布を、氏族の移動によって解釈しようと試みている（『出雲神話』）。したがって、スサノオに関する限りは、この説に属すると言えようが、しかし、氏はオオナムチについては、出雲国造家の奉じる神であり、その国作りと妻求《ま》ぎは、出雲臣一族の国内の鎮撫《ちんぶ》・平定を反映したものであるとしているから（『古代の出雲』）、また一面に史実中核説をとっているともいえよう。

巫覡説については、また後に改めて詳述する。これが筆者の出雲神話論のもっとも重要な骨子をなす考えだからである。また筆者の出雲神話論の別な骨子として、出雲国造家の対朝廷政策、ことに神賀詞奏上と、それにともなう数々の出血的神宝献上という行事の開始によって、国譲りの神話が、自家の祖先アメノホヒの功績というかたちで、朝廷に採用され、出雲神話が天孫降臨の前提物語となったと考えているのであるが、これについても、後に述べる。

諸説のまとめと問題点

今まで述べた多くの出雲神話論を、大まかに分けると、次の三つにまとめられる。

(1)高天原と出雲の対立の神話は、歴史とは無関係な、中央貴族の理念的産物である。

(2)天つ神系諸族と、国つ神系諸族の対立のような、二つの勢力の対立が実際にあった。

(3)現地の出雲では、小規模の勢力の局地的交替があったが、朝廷でこれを大きくとりあげて、全国的なスケールにしたてた。

私に言わせるならば、じつはこれらの中のひとつだけが正しいのではなくして、これらのいずれもが、ある程度は真実なのである。出雲神話そのものが、ひとつの立場だけでは割り切れない複雑な成立過程をたどって成長してきたものだからである。

(1)の説は、記紀の出雲世界が、高天原世界とは対照的な、死や冥府《めいふ》に結びついた世界であるという特質を説明するには適切であるが、この中に実際の出雲の風土伝承らしきものや、出雲の土着の神々が登場することには説明困難である。

(2)の説は、オオナムチやその眷属神を祀る神社、および出雲系氏族の、全国的分布を説明するには適切であるが、この対立の時期とか、その事情なども明らかにされなければ、十分な説明にはならない。

(3)の説は、出雲国内の勢力の交替や葛藤《かっとう》が中心となっているのであるから、考古学や文献史料によって、ある程度検証が可能であり、この点から従来多くの歴史学者・考古学者・風土誌家などがこれを採用している。とくに『出雲国風土記』の神話との比較によって、これらの神々の「原像」を浮きぼりにすることにつとめ、この小さな「原像」から巨大な記紀の国家神への昇格を想定し、これが中央貴族たちの政治的理念による作為によるものと、きわめて単純に説明しようとしている。

(3)の説は、「原像」の究明にはたしかに有効であるが、それだけでは、大きな霊格として記紀にとりあげられた理由の説明には不十分である。矛盾するものはすべて中央の作為・創作だときめてしまえるものなら、古典の研究などじつに安直なものである。私が巫覡《ふげき》信仰説を持ち出すのは、この説がこれらの説をも内的に関連づけ、これを一元化して説明できるという利点を持っているからである。

(1)の説は、他界信仰が起死回生の医療法などを持つ巫覡らの信仰圏に対し、大和朝廷側で特殊視し、高天原に対する対立的な世界だと考えたのだとすれば説明がつく。

(2)の説は、巫覡らの活動が広範囲に及び、地方神の祭祀をも包括し、それらの間で、一種の連繫《れんけい》を生じたと考えればこれも説明がつく。

(3)の説は、これらの巫覡らの最高支配者としての出雲大社の司祭職に、勢力の交替があったのだと考えれば、これも説明がつく。

またこの巫覡説は、記紀のオオナムチの数多くの巫覡神・医療神的性格を、明快に説明する。因幡《いなば》の白兎の傷に対する治療法の教示、オオナムチ自身の火傷《やけど》に対するキサガイヒメとウムギヒメによる治療（記）、オオナムチ、スクナヒコナの二神が天下に医療・禁厭《まじない》の道を拡めたという話（紀）など、みなこの神と巫覡との関係をよくあらわしている。また根の国に赴いての根の国の大神スサノオによる、いろいろな試練、スセリヒメによる蛇の比礼《ひれ》や呉公《むかで》、蜂の比礼などの授与、それによる害虫の撃退などは、従来説かれているように、一種の巫覡団体の入門式《イニシエーション》の試練《オーデヤル》と、そこにおける「死と蘇生の儀」、および神霊の啓示と巫具《ふぐ》の授与をあらわしている。スサノオによる生大刀《いくたち》・生弓矢《いくゆみや》・天詔琴《あめののりごと》の授与と、これを持っての現世への帰還、またそれによるウツシクニダマノ神への就任は、文字通り起死回生の呪物、タマフリの神宝と、神託の具である楽器を、神霊から授かり、神聖な巫覡王となったことをあらわしている。もしこの神を奉じる司祭職や巫覡らに、そうした社会的機能がまったくなかったなら、そんな話が語られるはずもない。これについては、また個々の神格について述べるときに、触れる。

2　二つの出雲神話

虚像《きょぞう》と原像《げんぞう》の出雲神話

一般に「出雲神話」と呼ばれているものは、記紀すなわち『古事記』『日本書紀』のような中央記録に記された、いわば官製の出雲神話を指している。これらは若干の出雲の風土伝承を素材とはしているものの、全体の構成は、中央の政治的理念や世界観によって、組み立てられ、机上《きじょう》で再編成され、潤色《じゅんしょく》された、いわば虚像としての出雲神話であった。

ここに描かれる出雲は、大和、北陸、諏訪、筑紫などまで、その勢力下に置いた、政治上の一大中心地のようである。国譲りのさいには、出雲の稲佐の浜に、出雲とはなんのゆかりもない東国の鹿島《かしま》神宮の祭神であるタケミカズチが登場し、またこの使節を迎える出雲側の代表としては、当のオオナムチのほかに、これまた出雲には崇拝も神社もない、大和葛城《かつらぎ》のコトシロヌシや、諏訪のタケミナカタが登場するのである。文字通り全国的なスケールで事が運ばれている。『出雲国風土記』や『延喜式』神名帳の出雲には、オオナムチ以外に、これらの敵味方の神々の社《やしろ》もなく、伝承も記されていないから、これらの神々が登場する話は、中央の理念的産物にすぎないと思われる。ただ天つ神の使の中で、『日本書紀』に登場するフツヌシだけは別であり、これは後世東国の香取《かとり》神宮の祭神とされるにいたったが、もともとは物部《もののべ》氏の氏神であって、『風土記』にもしばしば名が出てくる。この点は、後に説くことにして、ともかく、こうした虚構の出雲は、大和朝廷側から見た、理念的に拡大された出雲であって、けっして「実像」としての出雲ではない。したがって、記紀の出雲神話は、中央の拡大鏡によって、いちじるしく引き延ばされ、ゆがめられた出雲神話なのである。

しかし、こうした記紀の出雲神話の虚構性の内容とその成立を知るには、その前に、実像としての出雲の伝承、言いかえれば「出雲神話の原像」ともいうべきものを、はっきりとさせなければならない。この「原出雲神話」の実像を確認し、そこに登場する多くの神々の素朴なイメージから、記紀の国家的英雄神への形成過程を、検討していくことが、問題の解決の鍵なのである。ここで、G・マレイらのとった、ギリシア古典神話の研究法が想起せられる。それによると、ホメロスやヘシオドスらの中央伝承に登場する地名と、それに結びついた英雄の説話が、本当にその地の風土伝承であったかどうかを検証する決め手は、同時代にできたその土地に関する風土誌類や紀行文などに、その説話の原像や、その人物の聖所や遺跡が記されているかどうかということなのである。

原出雲神話としての『風土記』伝承

出雲神話の原像の探求は、比較的に容易である。というのは、奈良時代の唯一の完本の『風土記』、つまり立派な現地資料『出雲国風土記』が現存するからである。『古風土記』の撰進は、周知のように、『続日本紀《しょくにほんぎ》』元明天皇の和銅六年（七一三）の条に見える、同年五月の詔勅《しょうちょく》に基づいたものである。

それによると、「畿内七道諸国の郡郷の名は好字《よきじ》をつけよ。その郡内に生ずるところの銀、銅、彩色、草木、禽獣《とりけだもの》、魚虫などの物は、具《つぶさ》に色目を録《しる》し、および土地の沃塉《よくせき》、山川原野の名号の所由《ゆえよし》（由来《ゆらい》）、また古老相伝の旧聞異事は、史籍に載せて言上せよ」と記されている。つまり次の五つの事項が含まれる。

一、郡郷の名に縁起のよい文字をつける。
二、郡内の産物の種類・名称を記す。
三、土地の農作に対する良否を記す。
四、山川原野の名のいわれを記す。
五、古老相伝の旧聞異事を記す。

この五つの事項を、『出雲国風土記』だけは、もっとも忠実に充足させているのである。この書は、詔勅の出た後、二十年を経た天平五年（七三三）に成立したものである。この責任編集者は出雲国造《くにのみやつこ》で、同時に意宇《おう》郡の大領《たいりょう》（長官）を兼ねた出雲臣広島《いずものおみひろしま》である。また各郡の編纂《へんさん》担当者の中には、七人もの同族出雲臣の名が見える。

この『風土記』には、他の『古風土記』、『常陸《ひたち》国風土記』『播磨《はりま》国風土記』『豊後《ぶんご》国風土記』

『肥前国風土記《ひぜん》』に比べると、編纂者からして独自性を持っている。他の『風土記』が、それぞれの国司が国庁において、官府の記録、中央への報告というかたちをとり、上進したものであるのに対し、この書は、国司などの中央系役人の手を借りず、その在地の古い豪族であった出雲国造の一族が、これを担当している。

出雲国造は、後でも詳述するように、出雲国を代表する国魂《くにだま》の化身「顕《うつ》し国魂《くにだま》の神」とされる、一種の明《あき》つ神である。出雲国内のあらゆる神々を兼ね祭る、祭司王としての存在であり、きわめて独自性を強く持っていたから、その一族の手に独占された『風土記』の撰進事業は、独自な内容を持たざるをえない。

他の『風土記』では、神社の記事はきわめて少ないが、この『風土記』では各郡各郷ごとに、特別に詳記され、またその数も、中央の神祇官《じんぎかん》に登録されたものが一八四社、それ以外のものが二一五社、合計三九九社もある。平安の『延喜式』には、この官登録の一八四社に三社を加えた一八七社が式内社となっているが、その数は、隣の因幡《いなば》国の五〇座、伯耆《ほうき》国の六座、石見《いわみ》国の三四座に比べて、ケタ外れに多い。畿内の山城国一二二座、大和国二八六座、伊勢国二五三座など、一級クラスと肩を並べるものである。

この書には、他の『風土記』に見えるような、天皇、皇后、皇子などの巡幸譚はひとつもない。わずかに出雲郡建部郷《たけるべのさと》の条に、ヤマトタケルの御名代部《みなしろべ》の話が述べてあるだけである。その代わりに、オオナムチ、スサノオ、オミズヌなど、出雲の霊格の国巡りの話が、各処に語られており、中央への気兼ねや思惑《おもわく》などいっさい考慮していない。

この中には、中央の「官製出雲神話」とは異なった、素朴な出雲の風土伝承が数多く見出され、また中央伝承には見えない、熊野大神、野城《のぎ》大神、佐太《さだ》大神などという、地方的有力神格も登場している。そして加賀《かか》の潜戸《くけど》の、佐太大神の誕生と黄金の弓矢の説話のような、またオミズヌの国引き神話のような、記紀には見えない数多くのローカルな神話が語られている。これらには、中央系の天つ神や、天皇、皇子などに対する服属の由来を語る説話などひとつもない。またここに登場する神々は、『常陸国風土記』の香島大神《かしまのおおかみ》（鹿島大神）や普《ふ》都《つ》大神、黒坂命《くろさかのみこと》などのような、中央の高天原から征討のために派遣された存在ではない。

もちろん、この書の中に、カミムスビ、スサノオ、オオナムチ、スクナヒコナ、アジスキタカヒコ、フツヌシなど、記紀の中央伝承にもさかんに活躍する神々が、登場することは事実である。中でもスサノオやオオナムチなどは、この地でもかなり有力な神格であることは、伝承が出雲の東西に広く分布していることによっても、明らかであるが、この書ではもっと素朴な、田園的・農耕的な内性をもって描かれている。

この風土記は、出雲国造らが自家の色彩を強く打ち出して編集したものであるから、なかば氏族神話的な内容のものと言えるのであるが、同じ氏族伝承の書とは言いながらも、忌部《いんべ》（斎《いん》部）氏の『古語拾遺《こごしゅうい》』や、高橋氏の『高橋氏文』などは、中央の記紀の影響を濃く受けて、みな皇室・朝廷に対する自家の忠誠と服属の由来を物語る服属本縁譚となっており、中央の統合・支配以前の「原神話」では絶対にない。『出雲国風土記』は、その意味では、「原神話」の特色・内容を、そのまま残している。

二つの出雲神話の食い違い

『出雲国風土記』の多くの伝承の中で、記紀に、共通もしくは近似の伝承があるかというと、ほとんど見出せない。また逆の場合もそうである。また記紀と共通して登場する神格にも、同じ物語は、ひとつも見あたらない。これは不思議なことである。

簸《ひ》の川（肥の川、斐伊《ひい》川）の上流のできごととされるスサノオの有名な八岐大蛇《やまたのおろち》の話も、『風土記』の大原郡斐伊郷《ひいのさと》の条を見ても、触れられていない。ヒという地名の由来が、ヒノハヤヒコという神に起源するということが述べられているにすぎない。『古事記』のオオナムチの生《お》い立ちの話にある、八十神《やそがみ》によるさまざまな迫害や、根の国での試練の話も、『風土記』にはない。オオナムチの相棒《あいぼう》の小童神スクナヒコナは、『風土記』でもさかんに出てくるが、この神が蛾《ひむし》の皮を着て、美保の岬に漂《ただよ》い着いたという話は、『風土記』のどこにも見えない。

神々の神統譜も、どうやら記紀のそれとはかなり異なったかたちで考えられていたらしい。スサノオは、アマテラスとはなんの血縁も語られていないし、アメノホヒも同様である。記紀では、スサノオの子または六世の孫とされるオオナムチは、本書ではまったく述べられていない。おそらく無関係だったのだろう。

『古事記』のスサノオの子孫の系譜に登場する、オオトシ、カラカミ、ソホリ、シラヒ、ヒジリ、ミトシ、オキツヒコ、オキツヒメ、オオヤマクイ、ニワツヒなど、『出雲国風土記』

にはいっさい登場しない。また『風土記』に、スサノオの子としてあげられる、アオハタサクサヒコ、ツルギヒコ、ツキホコトオヨルヒコ、イワサカヒコ、クニオシワケ、ヤノノワカヒメなどは、記紀にはあらわれず、わずかに一女ワカスセリヒメだけが、オオナムチと結婚しているので、『古事記』のスセリヒメと同神だろうと推定できるだけである。

　オオナムチの系譜にしても、記紀に出てくる、御子のコトシロヌシ、シタテルヒメ、タケミナカタなどは『風土記』では出てこない。また『風土記』で御子とされるヤマシロヒコ、フツヌシ（ワカフツヌシ）、アダカヤヌシタギキヒメ、ミホススミなどは、記紀には見えない。ただアジスキタカヒコ（記紀ではタカヒコネ）だけが、御子として共通しているだけである。オオナムチの大后として、『古事記』では特筆されているスセリヒメは、『風土記』の神門《かんど》郡滑狭郷《なめさのさと》の条に出てくるワカスセリヒメであろうが、これにオオナムチが妻求《ま》ぎするのも、『古事記』の根の国ゆきの壮大なロマンスと違い、平凡な通い婚のかたちであり、オオナムチが社の前の岩を「滑磐石《なめしいわ》なるかも」と言ったというような地名説話となっている。

　国家的英雄神というイメージで描かれた記紀のスサノオやオオナムチに対し、『風土記』では、素朴な田園神・農神のようなイメージを持っている。スサノオが、サセの木の葉をかざして踊った（大原郡佐世郷）とか、天《あめ》の壁《かき》を立てめぐらしたので、「これで心がやすらいだ」と言った（意宇郡安来郷《やすきのさと》）とか、自分の魂を須佐の地に鎮めた（飯石郡須佐郷）とかの話などには、記紀に見える天上界を荒らしまわる大立者のイメージの片鱗さえもない。オオナムチは、なんといっても出雲最大の大神であるから、その伝承は意宇《おう》、島根、楯縫《たてぬい》、仁《に》多《た》、飯石《いいし》の各郡にわたり語られるが、わずか二、三の征討説話（八十神征伐、越の八口《やくち》の征伐）を除けば、猪を追ったり、多くの女神に妻求ぎに出かけたり、「五百津鉏鉏《いほつすきすき》なほ取り取らして」、つまり数多くの鋤をとって土地をきり開いた、平和な開拓神、農耕神として描かれている。

オミズヌ（ヤツカミズオミツヌ）などは、『古事記』では、スサノオの子として小さく名だけをあげるにすぎないが、出雲では、おそらく古い霊格であったらしく、島根郡の条では、島根という地名の由来が、この神の命名に帰せられており、またこの神が「八雲立つ出雲」の、国号の由来と関連していることも、この神の崇拝の古さをあらわしている。『古事記』の有名なスサノオの、いわゆる「八雲立つ神詠」、すなわち須賀の宮で、立昇る雲を見て、

八雲立《やくもた》つ　出雲八重垣《いずもやえがき》　妻ごみに　八重垣作る　その八重垣を

と歌ったという話は、むしろその歌の形式が整いすぎて、完全な短歌形式となっていることからしても、後世の産物なのであろう。

外から見た出雲世界と内から見た出雲世界

記紀と『風土記』のこのような相違は、いったいどうして生じたのであろうか。『風土

記』の伝承は素朴で信じられるものであるが、記紀はまったくのデッチあげだと簡単にかたづけるのなら問題はない。人によっては、『風土記』に見えない伝承は、いっさい中央貴族たちの造作だと決めてかかる説もある。

それによると八岐大蛇《やまたのおろち》でも、根の国ゆきでも、八千矛《やちほこ》の神の「神語《かむがたり》」でも、みな『風土記』にないから、中央の造作だということになる。しかし、それでは、なんのために、その伝承に出雲の肥《ひ》の川だとか宇迦の山だとかのような特定の地名や、スセリヒメだとかクシイナダヒメ（風土記ではクシイナダミトヨマヌラヒメ）などの土地の霊格が登場するのだろうか。中央の造作なら、そんな無名の一地方神を引き合いに出さなくとも、中央の有力な霊格を、いくらでも登場させるはずである。

またこれらの説話は、多くは民間に流布《るふ》している「英雄求婚譚」や「人身御供譚《ひとみごくうたん》」ばかりで、これをとりあげたのは、あながち政治的理念によるとはかぎらない。素材は出雲の民間説話であった形跡が濃い。記紀の出雲神話といえども、けっして「火のないところに煙は立たなかった」はずである。

記紀の説話が『風土記』に載らなかった理由は、いくつか考えられる。記紀の中央記録に採用されなかった説話ばかりを、とくに『風土記』でとりあげたのだという説とか、『風土記』は主として地名の由来ばかりに固執しているため英雄の長物語などは除外してしまったのだという説とか、記紀の物語の伝承者と、『風土記』のそれとは、階層的に異なっていたのだという説とか、諸説紛々としている。

しかし、いちばん大きな理由としては、大和の貴族たちに映じた出雲像と、出雲土着の人たちの頭にある出雲像との、根本的な相違、言いかえれば、両者の抱く世界観の根本的相違によるものと考えられる。記紀神話に見る出雲神話は、中央貴族の世界観、国家観に当てはめた出雲世界の伝承であり、したがって己れの国家理念に適合する伝承だけを採用し、その立場から色づけした。『風土記』のそれは、出雲国で祭司王である国造の一族の持つ世界観、および神学に基づいたものである。

記紀と『風土記』との神統譜の違いなども、『風土記』には、その中に出雲独特の神統譜の存在と世界観の存在を考えないわけにはいかない。出雲国造《いずものくにのみやつこ》は、その世継ぎ（国造就任）のとき、その国内のあらゆる神々を、斎館《さいかん》において祭り、そして数多くの出雲系巫覡《ふげき》らの総帥《そうすい》として君臨した。その支配する領域は、多分一種の巫覡的信仰圏ともいうべきものを形成していたのであろう。

数多くの地方の風土的伝承でも、とくに大和朝廷の国家政策に合致するものだけを、記紀では採用し、他は捨て去ったように、国造家でも己れの神学・神統に合致する伝承のみを、『風土記』に採録し、他は省みなかったのだろう。水野祐氏などもいうように、『出雲国風土記』にある伝承が、当時の出雲地方の口碑《こうひ》伝承をすべてとっていると考えるのは、大きな誤りである。『延喜式』に見える、意宇郡の売豆伎《めずき》神社などは、『三代実録』などでは、女月神と記される。当然神話もあったであろうが、記録には記されない。

記紀の神統に見られる出雲パンテオン

記紀、ことに『古事記』の神統譜においては、スサノオ・オオナムチなどの眷属神《けんぞくしん》・子孫につながる、いわゆる出雲神族とでもいうべき国つ神の一族以外に、表面的にははっきりと出雲系であることを表白しなくても、陰に陽に、潜在《せんざい》的に出雲系であることを示唆している神々も少なくない。それはちょうど神々の世界を二分するほどの比重を占めている。

たとえば、天地の初発《はじまり》に出現した造化の三神のうちアメノミナカヌシにつづいて出てきた、タカミムスビとカミムスビの二神については、タカミムスビは皇室やこれに関係ある貴族の祖神であるが、カミムスビは、出雲の神々の母祖神で、オオナムチやスクナヒコナなどにゆかりが深い。国生みの男神イザナギが皇室系のアマテラスやツクヨミなどの親神で、高天原的な存在であるのに対し、女神イザナミは、出雲の比婆《ひば》の山に神陵《しんりょう》を有する黄泉《よみ》の国の存在で、出雲的な存在である。

次にアマテラスの弟神のスサノオが出雲系であるのは、いうまでもないことであるが、その両者のウケイによって生まれた御子のうちアメノオシホミミは皇室の祖先、アメノホヒは出雲国造の祖先だから、これも高天原系と出雲系とに分かれる。つまり全体の神統を二分して、そのひとつを出雲系が占めているのである。

アマテラスとスサノオ、オシホミミとホヒなどが、それぞれ同胞神であるという神統などは、後からの造作で、もとはそれぞれ皇室系と出雲国造系の固有神格であったものを、そうした姉弟、兄弟の系譜に仕立てたのであろうが、イザナギとイザナミなどは、どう見ても同系の名を持つ妹背《いもせ》の神である。元来別々な出自を持つ神であったとは考えられない。しかし、『古事記』の世界では、この二人をも、しいて高天原系と出雲系の二分観に当てはめて、分けてしまった。

中央の眼から見た出雲世界は、このように、神々の世界を二分し、天上、光明、生命などに関係づけた高天原世界に対立し、地下、暗黒、死などに関係づけた特別な世界だと考えられたのであった。私はこのような中央の二元的世界観、神統譜の二分観に、出雲的世界がその一半を占めるようになった時期を、後に述べる出雲巫覡の宗教活動が、全国的規模で行なわれ、その信仰圏が急速に拡大していった七、八世紀ごろのことであろうと考えているのである。いずれにせよ、実像としての出雲とはまったく別物である。

宗教王国としての出雲

実像としての素朴な出雲から、記紀の壮大な理念的出雲世界への飛躍には、大きな媒介物があったというのが、私の年来の主張である。それは出雲王国が持つ特殊な呪術・宗教的権威に対する、中央貴族たちの畏怖《いふ》の感情であり、またその威力の根源をなす出雲巫覡の宗教であった。

出雲系の神々に属するスサノオ、オオナムチ、スクナヒコナなどの神社は、『延喜式』神名帳によると、出雲やその隣国のほか、畿内、東国、四国、九州と、ほぼ全国にわたって存在していたし、また「出雲……神社」などと「出雲」を冠する名の神社も、全国的に広く分布していた。

また『万葉集』、『六国史《りっこくし》』、『播磨国風土記』などや伊予、備後《びんご》、土佐、その他数多くの『風土記逸文《いつぶん》』などにも、それらの断片的神話伝承が、各地に語られていた。また出雲国造、出雲臣、同族のアメノホヒおよびその子のヒナドリを祀る神社も、石見《いわみ》、近江《おうみ》、山城《やましろ》、河内《かわち》、志摩《しま》、武蔵《むさし》など、各地に分布していた。

「出雲……神社」という出雲を名とする神社も、多くはオオナムチ、ホヒ、スサノオなどを分祀したものである。たとえば、『伊予国風土記逸文』に見える、オオナムチがスクナヒコナに湯を浴びせて蘇生させたという伝承と、『延喜式』に見える伊予温泉郡の出雲崗《いずものおか》神社とは、おそらく関係があろう。また『延喜式』に見える武蔵入間《いるま》郡の出雲伊波比《いわい》神社や、周防《すおう》佐婆《さば》郡の出雲神社は、それぞれアメノホヒを祖先とする入間宿禰《いるますくね》、土師宿禰《はじのすくね》の奉じる社であったから同神を祀っていたらしい。

『播磨国風土記』を見ると、オオナムチやスクナヒコナのような出雲の神々がさかんに活躍し、また出雲のアボ大神とかミカゲ大神というような未知の出雲の神々も登場する。また『万葉集』を見ると、オオナムチ、スクナヒコナの二神が、岩屋にまつられたり、山を作ったり、命名したりしたという歌が、諸国の地名に結びつけて歌われている。

これらの事実は、たんなる中央貴族の机上のデッチあげではない。『播磨国風土記』を見ると、出雲の神々を鎮め祭るのに、出雲人《いずもびと》がさかんに活躍している。たぶんこれらの神を奉じ、その神徳と神話を伝える巫覡の徒であったのであろう。『日本書紀』の崇神紀で、出雲大神オオナムチの祭祀の中絶したのを復興せよという神託「玉も鎮《しづく》し、出雲人祭れ……」の神話にあるように、かれらは託宣、卜占《ぼくせん》などをもって出雲の神の祭祀をすすめ、祠《ほこら》を建ててまわったのであろう。

『文徳実録《もんとくじつろく》』斉衡《さいこう》三年の条に、常陸国の鹿島郡大洗《おおあらい》磯前《いそさき》に、不思議な石が打ち上げられ、一人の漁夫の翁がこれを発見し、また神が人に憑依《ひょうい》し、「われはオオナムチ・スクナヒコナなり」という神託を授けたのでこれを祀ったという記事がある。これが後の大洗神社、『延喜式』にいう大洗《おおあらい》磯前薬師菩薩《いそさきやくしぼさつ》神社であるが、この石神は、示現に当たって、オオナムチ・スクナヒコナを名乗っている。

オオナムチ・スクナヒコナは、『日本書紀』を見ると、あらゆる人間および家畜のために病を癒《いや》す法を定め、また鳥獣昆虫の災厄をはらうための禁厭《まじない》の法を定めたので、人々は今でもその恩恵を受けていると記されている。『古事記』の因幡の白兎の蒲《がま》の穂の上にころんで傷を癒す話や、オオナムチの火傷《やけど》を、貝の汁で癒す話も、かれらの民間医療の方法に違いない。また『伊予国風土記逸文』に見える、温泉の由来譚も、かれら巫覡の徒が拡めたオオナムチ・スクナヒコナの霊験《れいげん》譚であったろう。実際に、諸国の温泉にも、この二神を開祖として祀るところが少なくない。

かれらの宗教は、託宣、卜占《ぼくせん》、医療、禁厭などの機能を持つ、いわば個人的宗教であり、従来の地縁的・血族的・封鎖的な氏神信仰とは異なる、超地域的な、新興宗教であった。かれらのオオナムチ崇拝の拡布《かくふ》は、私はそれほど古い時代のこととは思えない。せいぜい七、八世紀のころの現象であろうと思っている。『続日本紀』に見える天平宝字八年（七六四）に、突如大隅《おおすみ》の海中から湧出した神造島《かみつくりじま》に、十四年後の宝亀九年（七七八）オオナムチを祀り、官社としているという記録がある。前に述べた『文徳実録』の大洗神社の記事にしても、九世紀なかばのことである。

かれらの出雲教の拡布によって、もともと出雲とはなんの関係もなかった大和の三輪や鴨などの国つ神が、このオオナムチの眷属神とされるにいたった。『播磨国風土記』では、播磨固有の有力神である伊和大神も、『延喜式』では、「伊和にます大名持御魂《おおなもちのみたま》神社」と記され、オオナムチ化されている。奈良末期から平安はじめにかけての現象であろう。「出雲国造神賀詞」によると、オオナムチと大和のオオモノヌシとの同一視を公然と主張し、またコトシロヌシ、アジスキタカヒコネ、カヤナルミなどの大和の有力神を、みなその御子神に仕立てあげ、それらがみな皇孫の守護神であることを、意気揚々と宣言している。まったく根拠のない創作なら、こんな公けの席で読みあげられるはずはない。

記紀の成立よりも少し前、すなわち天武・持統朝より奈良朝はじめごろまでに、出雲巫覡の拡布による「出雲パンテオン」の形成が行なわれ、それが大和の貴族たちには、「高天原パンテオン」に対立する、なみなみならぬ存在として、物々しく映ったのであろう。

出雲国造は、それら巫覡《ふげき》の徒の統率者であり、祭司王であった。その神賀詞は、その支配下の出雲信仰圏のバックアップがあったのであろう。記紀の「出雲神話」は「虚像の出雲神話」であると言ったが、じつは厳密に言うと、正しい表現ではない。七、八世紀のころ、畿内や東国にまで急速に拡布していった「出雲信仰圏」の産物なのである。ここに記紀の出雲的世界の巨大性の謎が存する。

出雲は、けっして畿内、大和より古い文化の母胎でもなければ、大和朝廷の成立以前に栄えていた「出雲朝廷」の根拠地でもなかった。七、八世紀のころ、医療・禁厭の法や託宣などを、各地に持ち伝えたシャマニズム風の民間宗教の、いわば本源地・中心地であって、出雲大社はその総本山・総本社というべきものであったのであろう。

かれらの活動により、大三輪や鴨の神のような、畿内の有力神までを含めた出雲パンテオンの形成のきざしが顕著になったため、朝廷側では、あわてて自己の世界像での、荒ぶる国つ神の系列、征服さるべき邪霊的な存在の仲間に、それらの神々を押しこんだのであろう。それらを鎮定・征服する側の高天原の天つ神たちは、いわば朝廷の代弁者なのである。

しかし出雲パンテオンの巨大化にともない、その総師のオオナムチは、たんなる地方神でなく日本国全土の国魂《くにだま》の神であるとされ、高天原系の神々が天降る前に、国土に先住していた「偉大なる国土の主」もしくは「偉大なる地主の神」とされるにいたったのである。

三輪と鴨の神々の出雲化

大和盆地の東南部の三輪山を神体山とする大神《おおみわ》神社の祭神大物主神《おおものぬしのかみ》と、西南端の葛城山麓《かつらぎさんろく》の鴨の神々とは、もともとは大和土着の国つ神であって、出雲やオオナムチと関係があったわけではない。記紀に見える神武の大后イスケヨリヒメの出生にまつわる神婚譚として、

『古事記』では、オオモノヌシが丹塗矢《にぬりのや》に変じて、三島のミゾクイの娘セヤダタラヒメに婚したという話、『日本書紀』では、鴨のコトシロヌシが熊鰐《くまわに》に化し、三島ミゾクイヒメに通ったという話があり、これが初期の王朝の始祖伝説となっているが、これには別に出雲との関係は語られない。

『日本書紀』の崇神紀のヤマトトトヒモモソヒメとオオモノヌシとの神婚説話でも、別に出雲やオオナムチとの関係は語られない。古代の大和朝廷とこの三輪山の神との結びつきを物語っているにすぎない。これらの説話は、上田正昭、岡田精司、吉井巌の諸氏なども述べているように、古い三輪王朝（崇神王朝）とこの神との結びつきをあらわしている。

ところが、記紀でも出雲神話の部分になると、これらの三輪や鴨の神が、いつのまにか出雲のオオナムチの眷属神とされている。『日本書紀』の一書の六では、オオモノヌシはオオナムチの別名とされ、その幸魂《さきみたま》 奇魂《くしみたま》、すなわち霊魂のひとつだとされている。「出雲国造神賀詞」でも、オオナムチの和魂《にぎみたま》として、三輪のカンナビに鎮め祭ったと記される。

鴨の神々は『延喜式』神名帳には葛上郡《かつじょう》の条に、コトシロヌシを祀る鴨都波八重事代主命《かもつはやえことしろぬしのみこと》神社や、アジスキタカヒコネを祀る高鴨阿知須岐託彦根命《たかかもあじすきたかひこねのみこと》神社などが記され、いずれも記紀では、国譲りの神話に、オオナムチの御子神として登場する。『日本書紀』の一書の伝えでは、オオナムチ隠退の後、オオナムチとコトシロヌシとが、神々を天高市《あめのたけち》に集め、天孫に帰順を誓ったので、タカミムスビが娘のミホツヒメをめあわせ、皇室の守護神としたという。この伝えでは、オオモノヌシはオオナムチとは別人らしいし、またコトシロヌシは、別に美保の海中に隠れ去ったとは語られていないのであるが、両神とも出雲のオオナムチの眷属神らしい様子があらわれている。

　このように三輪や鴨の神々がオオナムチの眷属、または同類とされたのは、私はたぶん後世的なもので、出雲系の巫覡の地方宣教による出雲信仰圏の拡大と、それにともなう大和土着の神々の「出雲宗教化」によるものであろうと考えている。

　このミワの神とカモの神をそれぞれ奉斎する大神朝臣と賀茂朝臣（三輪君と鴨君）との共通の祖先とされ、『古事記』の中で、その母イクタマヨリヒメと大物主との有名な「オダマキ式」の神婚譚を伝える、オオタタネコは、もともと河内の美努村《みぬむら》（記）、ないし和泉の茅《ち》渟県《ぬのあがた》（紀）の出身となっている。この辺一帯は古くから、考古学的にも「陶邑古窯跡群《すえむらこようせきぐん》」としても知られる須恵器《すえき》の生産地であったし、現にイクタマヨリヒメ自身スエツミミ（陶人《すえびと》の豪族の意）の娘となっている。須恵器が最初朝鮮系の渡来人によって伝えられたものらしいことは、学界の定説となっている。

　イクタマヨリヒメの神婚譚にある、「オダマキ型」の話は、夜這《よば》い男の素性を知ろうとして、男の衣に針で糸を縫いつけ、跡をたどると、男の正体は動物であったという筋で、清朝の始祖のヌルハチの話をはじめとして、朝鮮や旧満州（中国東北地区）に分布し、アジア大陸系の説話である。

　私はオオタタネコを出自とする大神氏は、元来朝鮮半島からの渡来人か、それにゆかりの深い陶器製作の工人出身の、河内方面にいた豪族で、自家の尊貴性を主張し、崇神王朝以後祭祀の絶えたミワの神の祭祀権を掌握せんがため、こうした神裔《しんえい》説をみずから唱えたのであり、その大和進出とミワの祭祀権樹立は、五世紀以後のことだろうと述べたことがあった（松前「三輪伝説と大神氏」「山辺道《やまのべのみち》」第十九号）。今でもその考えは変わらない。吉井巌氏も、ほぼ同様な意見で、大神氏の三輪山祭祀の掌握の時期を、「五世紀以後と考えるべき」だとしている（「崇神王朝の始祖伝承とその変遷」「万葉」第八十六号）。

いずれにせよ、この氏族は、もともと出雲臣族とも、オオナムチとも、なんの関係も持たなかったのであるが、後世に出雲化したのであろう。『旧事本紀《くじほんぎ》』によれば、オオタタネコは出雲の神門臣《かむとのおみ》（出雲臣の同族）の娘ミケヒメを妻としているし、十世の孫のオオミケモチは出雲のクラヤマツミヒメを妻としている。なんらかの出雲勢力がこの家系に入りこんできたことの反映であろう。

三輪山の東西に出雲ノ庄という地名が古くからあることや、三輪社の摂社の狭井《さい》神社が、古来薬法の神とされ、疫病鎮圧を祈る神とされていることなども、オオナムチ・スクナヒコナの宗教の医療・禁厭の法との関連を思い起こさせるものがある。

大神氏は、古いカモの一族にも勢力を伸ばし、カモの神の祭祀権をも掌握したのであろう。『旧事本紀』で、オオタタネコの父のタケイカタスが、鴨部美良姫《かもべのみら》を妻としているのは、この反映であろう。カモの神々も、その新しい奉斎者であった三輪・鴨族によって、出雲化されたのであろう。出雲国造がその新任のときに朝廷に奏上する神賀詞の中に、己れの奉ずるオオナムチとオオモノヌシとの同体を主張するのも、「出雲化」した大神氏族の暗黙の容認があったればこそ行なうことができたはずである。

出雲の海人とワニの信仰伝承

記紀の出雲神話にも散見されるが、むしろ『風土記』に、とくに色濃く出ている要素は、出雲の海人《あま》文化である。国引き神話をはじめとして、佐太《さだ》大神の信仰にしても、オオナムチの崇拝にしても、もともとは海人系のものである。『出雲国風土記』には「御埼《みさき》の海子《あま》」（日《ひの》御碕《みさき》付近の海人）が鮑《あわび》をとるのに長じていると記され、また同書や「出雲国大税賑給歴名《たいぜいしんごうれきみょう》帳《ちょう》」などにも、海臣《あまのおみ》、海部首《あまべのおびと》などという人名が散見する。『古事記』の因幡の白兎の説話や『出雲国風土記』の語臣猪麻呂《かたりのおみいまろ》の説話などに見える、ワニなども、海人系の信仰伝承であろう。猪麻呂の話は、この人物の娘が安来《やすき》の毘売埼《ひめざき》でワニに食われたので、猪麻呂は憤《いきどお》り、神々に祈ったところ、たくさんのワニにかこまれた一匹のワニがあらわれた。鉾《ほこ》で突き殺すと、腹から娘のハギが出てきたという話である。語臣とはおそらく語部《かたりべ》の管理者の家であろうから、この伝承はその家の伝説であろう。

『風土記』には、ワニの話としては、他には仁多郡の恋山《こいやま》の伝説がある。恋山の話はワニが女神タマヒメを恋い、川を溯《さかのぼ》るのであるが、女神が石で川を塞《ふさ》いだので、会えなかったと伝えている。『肥前国風土記』にも、川上にいる世田姫《よたひめ》という女神に、海神のワニが川を溯って会いにいく話があり、また『日本書紀』でも、コトシロヌシがワニに化して、ミゾクイヒメに通う話がある。記紀の豊玉《とよたま》姫も正体はワニであると語られるから、ワニは海の神の姿であるとされたのであり、海人らの信仰であろう。恋山の話なども、もとは一種の神婚譚であったのであろう。

出雲には、後世にもワニの話が散見する。有名な鰐淵寺《がくえんじ》の縁起にも、昔、智春上人《ちしゅんしょうにん》がこの飛龍の池に臨み、閼伽《あか》を供えようとして誤って皿を滝壺におとしたところ、水が湧き反って大きなワニが皿をくわえて浮かびあがったという伝説がある。現在山陰地方でサメをワニと呼んでいるので、これらはサメの話だとされているが、川を溯ったり、産屋《うぶや》ではいまわったりする姿は、サメとは別の動物のように感じられる。

因幡の白兎の話がインドネシアの民譚に類話があることは、つとに松本信広、松村武雄などの諸氏によっても指摘されており、これが南方系のものであることは明らかであるが、インドネシアの民譚では、だまされる動物は鰐魚《クロコダイル》である。また松本氏は猪麻呂の話の類話を、インドネシアの呪術師の話の中に求めている（『日本神話の研究』）。東南アジアや中国の江南地方には、鰐が多いから、その伝承の記憶が、海人の間に残ったのではなかろうか。

出雲地方の考古学

考古学的な徴証によっても、出雲国は、特別な政治・文化の中心地であったという証拠はなにひとつ見出されない。もちろん、「出雲民族」などという、特別な種族が住んでいたという証拠はまったくない。島根県の考古学者山本清氏によると（「遺跡の示す古代出雲の様相」平泉澄監修『出雲国風土記の研究』所収）、出雲地方は、(1)縄文時代の土器は、前期・

後期にわたって存在し、他の地のものとほぼ同じ様式である。⑵弥生式時代には、前期の様式は、松江市付近、佐太神社付近、大社町付近などで、いずれも平原地方に発達し、少なくともその中期には、畿内文化の波及が見られる。⑶古墳時代になると、その分布から見て、古式古墳は、主として旧意宇郡・島根郡の二郡に多く、東部平野に集中しているが、西部平野の神門川流域にはひとつもない。

ほとんどが方墳《ほうふん》ないし前方後方墳である。後期古墳になると、東部地方に見られるが、西部はとくに顕著にあらわれてくる。つまり西の神門郡が後期古墳の中心となる。なお古式古墳の内部構造や副葬品も、畿内とそれほど違うものではなく、本来畿内の系統を受け継いだものであるという。

これで見ると、縄文、弥生、古墳時代を通じて、出雲に特別な異系統の種族文化があったとは認められず、むしろ畿内文化の絶えざる影響によって生まれた一地方の文化にすぎないことがわかる。ただ弥生式時代においては西部の出雲大社の摂社 命 主神社《いのちのぬし》の境内出土の銅《どう》戈《か》や東部の八幡町の平浜八幡宮所蔵の銅剣などから、古くは北九州の銅剣文化の圏内に属し、朝鮮半島との関連を持つものといわれている。しかし、それにしても周辺文化にすぎない。

大場磐雄《いわお》氏が、もし出雲地方に、かつて大国主を中心とする強大な国家があったとしても、それを弥生式時代の出雲に求めるのは無理であろうと述べられたのは、たしかに十分言い得ることである。出雲の古墳文化は、この地方独得の方墳・前方後方墳という形式をもって、まず出雲東部の飯梨《いいなし》川・伯太《はくた》川の流域に発生し、安来市西赤江町の仲仙寺古墳群（いずれも四隅が突出形をした方墳）や、その北にある荒島町の造山古墳群（いずれも方墳か前方後方墳）などの四世紀の古式古墳から始まり、ついで五世紀に入って意宇川流域に移り、山《やま》代二子塚《しろふたごづか》（前方後方）や大庭《おおば》鶏塚《にわとりづか》（方墳）、岡田山一号墳（前方後方）など数多くの古墳群が出現している。これらが、意宇川上流の熊野山の麓に、熊野大神をまつり、また下流の大庭の地にその館を持っていた出雲国造ら一族の墓所であろうというのは、ほぼ定説化している。

こうした出雲の古式古墳の形状に対照して、すぐ隣国の伯耆など山陰のほかの地域では、みな畿内型の前方後円墳や円墳ばかりであるのは、おもしろいが、出雲でも、五世紀中葉以後、伯太川口の毘売塚《ひめづか》古墳（前方後円）や十神山《とかみやま》古墳（円墳）のような畿内型の墳形があらわれる。池田満雄・東森市良氏などは、こうした畿内型の古墳の出現を、大和朝廷の勢力の進出の徴証であると見ている（池田満雄・東森市良『出雲の国』）。

六世紀後半になると、簸《ひ》川平野、斐伊《ひい》川流域や神門川流域に、大形の切石造り横穴式石室に、大きな家形石棺をすえ、馬具、武具などを副葬した後期古墳、たとえば出雲市今市町の大念寺古墳（前方後円）その南の上塩冶《かみえんや》築山《つきやま》古墳（円墳）などが数多く出現し、有力な豪族が、六世紀の後半に、この西部平野を根拠地として勢力を有していたことを推察させるものがある。

東部と西部の二つの古墳文化の相互関係については、(1)前者から後者へ氏族が移住したか、(2)前者と後者とは、もともと別系の氏族の所産であったか、の二つの場合が考えられているが、山本清、斎藤忠氏などは、この二者の古墳の形状や内部構造など、東部と西部の差がかなり顕著であることを根拠に(2)の説をとっており、東部と西部とはそれぞれ集団があり、首長がこれを支配していたのであろうという。

これを『古事記』『日本書紀』などの古典に結びつけると、意宇川の上流の熊野大神を奉じる東部の豪族、つまり出雲国造氏と、神門川、斐伊川の下流地方に杵築《きづき》大社（オオナムチ）を持つ西部の豪族との対立を考えることもできる。したがって井上光貞氏がこれを歴史学的に解釈し、六世紀のころ大和朝廷が意宇郡の出雲氏を国造として、西部の杵築の勢力を圧《おさ》え、最後に意宇郡の首長が杵築を滅ぼし、そのオオナムチの祭祀権を奪ったものであるとする説はひとつの有力な仮説となった。井上実氏などは、この西部の豪族を神門臣だと考え、そのオオナムチの祭祀を、東部の出雲臣氏が奪取したものと考えた。神門臣は、後の『新撰姓氏録《しんせんしょうじろく》』では、出雲臣氏と同族化し、出雲臣氏と同じアメノホヒを祖先としているのである（井上実『出雲神話の原像』）。後にも述べるように、オオナムチを祖神とする氏族は、出雲にはひとつもなく、少なくともオオナムチの司祭家として知られる出雲国造家は、天孫系のアメノホヒを祖先としているのであり、国譲りの神話は、その国造家（出雲臣氏）がオオナムチの祭祀権を掌握したことの由来話と考えられるのである。

3　出雲国造家の台頭と自家の売りこみ

出雲国造の神賀詞

記紀と『風土記』の二つの出雲神話の、ちょうど中間ともいうべきものは、『延喜式』に載る「出雲国造神賀詞」という呪詞《じゅし》である。これは、この二つの出雲神話の要素を兼ね備えた、二面性を持っている。この神賀詞は、出雲国造が新しく就任（これを世継《よつ》ぎという）したとき、その報告のため、一族百余人とともに大挙上京し、数々の神宝や幣物《そなえもの》の献上とともに、天皇の御寿《みいのち》の長久と回春《わかがえり》とを祈る呪詞であった。

この次第は『貞観儀式《じょうがんぎしき》』や『延喜式』に見える。それによると、その前に、朝廷で行なう補任《ぶにん》式があり、新国造が上京して、位記（辞令）を授けられるが、その後、国造は国に帰り、一年間斎館《さいかん》で物忌《ものいみ》をした後、一族を率いて再び上京し、この神賀詞を奏上した。そのさい、おびただしい数の、水晶《すいしょう》やメノウなどの玉、剣、鏡、布、白馬、鵠《くぐい》（白鳥）などを献上した。この奏上式は前後で二度行なわれ、最初の奏上が終わると、国造らはいったん出雲に帰り、再び一年間の物忌をして上洛し、前回と同じ神賀詞と神宝とをたてまつるのである。江戸時代の参勤《さんきん》交替にも比すべき、否、それ以上にたいへんな出血的奉仕であった。

この神賀詞に語られる神話は、記紀の国譲り神話に近い内容である。それによると、国造

出雲国造の世継ぎ式を伝承する神火神水の儀

の祖アメノホヒが、皇祖カムロギ・カムロミの命により、皇孫の天降りに先立って国見を行ない、国土の現状を報告し、御子のヒナドリに、フツヌシを副将として遣わし、オオナムチを媚《こ》び鎮め（ご機嫌をとって怒りを鎮め）、国土を献上させたという。そこでオオナムチは隠退に当たって、己れのニギミタマを鏡にとりつけ、大和のオオモノヌシという名で、三輪山に鎮め、御子のアジスキ、コトシロヌシ、カヤナルミなどの御魂を、それぞれ葛《かつら》城《ぎ》、雲梯《うなで》、飛鳥《あすか》などのカンナビ（神聖な森）に鎮め、みずからは杵築《きづき》宮（出雲大社）に鎮まったという。またこの由来によって、玉、剣、鏡、布、白馬、鵠などの献上が行なわれ、その呪能によって、天皇の御寿が長久となり、若返りをすることが述べられている。その中に、「白玉《しらたま》の大御《おほみ》白髪《しらが》まし、赤玉《あかだま》のみ赤らびまし、青玉《あをたま》の水江《みづえ》の玉のゆきあひに、……をち方の古川《ふるかは》さき、こち方の古川さきに、生《お》ひ立てる若水沼《わかみぬま》の、いや若えにみ若えまし、すすぎ振るをどみの水の、いやをちにみをちまし……下略」というような、すこぶる古色のある律文調の呪文が載せられている。

『旧事本紀』に見える、物部氏の祖神ニギハヤヒが天からもってきた、鎮魂《たまふり》の呪宝十種の天《あまつ》璽瑞宝《しるしのみずたから》（これも鏡、剣、玉、布幣の四種からなる）を、唱えごとをして、ゆらゆらと打振ると、死人も蘇生したので、これを行なうことにより、鎮魂祭が始まったという説話が、思い浮かべられる。

　出雲国造のこの神宝類も、この呪言を唱えて献上すると、天皇の御魂《みたま》の更新・強化の保証となると信じられていたのであろう。白鳥の献上は、出雲独自のものであるが、『日本書紀』の垂仁《すいにん》の巻に、皇子ホムツワケ（『古事記』のホムチワケ）のために、鳥取造《ととりのみやつこ》の祖先のユカワタナが出雲国で捕えた白鳥を皇子に献上し、それによって口がきけるようになったという伝承とおそらく関係があろう。『古事記』のこの話では、ホムチワケは、この後すぐに出雲の大神の宮、すなわち出雲大社に詣で、オオナムチの神意をなごめ、また天皇による造営の話があるのだから、この話と出雲との結びつきは、明らかである。

　古代の出雲人は、白鳥を霊魂の乗り物と信じ、「廃疾《はいしつ》者」の治療に、白鳥を用いたのであり、これが出雲国造の新任のさいの呪術行事に用いられたのが、ホムツワケの説話となったのであろう。

神賀詞奏上の古い意味

　私はこの神賀詞の奏上式は、元来国造自身がその世継《よつ》ぎ（就任）のとき、おのれの鎮魂《たまふり》のために用いた呪術であって、後に天皇に対する服属・奉祝儀礼に転化したのだろうと思っている。ちょうど、物部氏がおのれの神宝をもって自家の鎮魂に用いた方式を、宮廷に持ちこんで、宮廷の鎮魂祭の天皇の鎮魂の方式が始まったのと似ている。

おそらくその伝承の古いかたちは、アメノホヒの命により御子のヒナドリが神宝をもって天降り、国造の祖先となったので、その神宝をその子孫が持ってその魂の更新を図るという趣旨の伝承であり、行事であったので、その行事の趣意を押しまげて、神宝を天皇に献上し、その呪文を天皇に用いることになったのであろう。その行事の趣意を押しまげて、神宝を天皇になってしまった。また献上する神宝は、最初のころは、『続日本紀』などで、「神社の剣鏡」などと呼んでいるのを見ると、もともと伝世の神宝であり、これを用いて呪詞を奏上するところであったのが、『日本書紀』の崇神、垂仁の巻に記されているように、ヒナドリが天からもたらした家伝の神宝は、すでに朝廷に召しあげられてしまっていたから、その代わりにそのたびごとに新造の品を献上するようなかたちにしてしまったのであろう。

アメノホヒは、記紀の国譲りでは、出雲側に寝返った裏切者とされているのに、この神賀詞では、逆に功績者とされているのは、これを祖先とする国造家の主張を示している。『日本書紀』の一書では、オオナムチの祭祀を掌《つかさど》ることになったのは、アメノホヒだと記されているから、記紀といえども、このホヒの子孫の国造家が大社の祭祀権を掌っていることを、公認はしていたわけである。

裏切をした者が、オオナムチの祭祀を掌ることを命じられたというのは、どう見ても話がおかしい。たぶん裏切をしたという説話の方こそ、本来の伝承をゆがめたものであろう。後に遣わされる中臣氏の氏神タケミカズチの功績を称揚するため、ことさらに仕立てられた説話的歪曲《わいきょく》なのである。アメノホヒの天降りは、『風土記』にも出ている。意宇《おう》郡屋代郷《やしろのさと》の条に、天乃夫比命《あめのほひのみこと》の天降りが語られ、その神の伴人《ともびと》としてアマツヒコが天降り、その社があったと記される。

『延喜式』に見える能義《のぎ》郡の天穂日命《あめのほひのみこと》神社は、意宇郡と能義郡とが分かれた後にできたものらしく、『風土記』の意宇郡野城駅《のぎのうまや》の条に見える野城大神というのは、この神のことであるとされている。このアメノホヒは、実際の国造の祖神とされた存在ではなく、中央で作成した架空の神名であるという説があるが、これは考えすぎであろう。『延喜式』には、山城、因幡《いなば》にも天穂日命神社があって、出雲臣一族によって祀られていた。前に述べた周防《すおう》の佐婆《さば》郡の出雲神社、武蔵《むさし》の入間《いるま》郡の出雲伊波比《いずもいわい》神社なども、それぞれ同族の土師宿禰《はじのすくね》、武蔵直《むさしのあたい》らによって祀られ、アメノホヒを祭神としていた。

ヒナドリは、別名をタケヒナドリ、タケヒナデリ、タケヒラトリなどともいい、出雲国出雲郡、因幡国高草郡には式内社があり、河内には式外ではあるが、このヒナドリが『文徳実《もんとくじつ》録《ろく》』に記されている。

アメノホヒは、たぶん太陽神であり、御子のヒナドリはその使者としての鳥の神格化であろう。ホヒのヒナドリ派遣は、太陽神が使者の鳥を地上に遣わし、神宝を授けて国土を鎮めたというかたちであったのだろう。これが天孫降臨に結びつけられ、国譲りのさいの使者にされたのであろう。『新撰姓氏録』でも、出雲宿禰《すくね》らの祖先は、直接にアメノホヒであるとはしないで、ホヒの子のヒナドリだとしているし、『日本書紀』でも、ヒナドリが神宝を天上からもたらしたと記している。

このホヒを祀り出雲宿禰の分族が奉じたと伝えている、近江蒲生《がもう》郡の式内社馬見岡《まみがおか》神社は、その山宮を奇日峰《くすひのみね》とか朝日山とか日野大宮《ひののおおみや》とか呼び、その五月の例祭には、今でも「日《ひ》鉾《ぼこ》」という日輪をかたどった飾り物を回転する行事がある（萩原龍夫『祭り風土記』下）。これによってもホヒの太陽神的性格は明らかである。

出雲国造の世継ぎ式

出雲国造は一種の祭司王であったから、その世継ぎの式は一種の王権祭式であった。一般に「神火神水《しんかしんすい》の儀」とか「火継ぎの式」とか呼ばれる、特別な儀礼を、国造の旧館のあった意宇《おう》郡の神魂《かもす》神社で行なうのが、中世以降のしきたりであった。火鑽《ひき》り臼《うす》と火鑽り杵《きね》で神聖な火を作り、これと天の真名井《まない》からくんだ聖水で神饌《しんせん》を作り、これを新国造が食べると、不死不滅の存在となると信じられた。同様な行事が、毎年の古伝新嘗祭《こでんにいなめさい》でも行なわれた。これは天皇が大嘗《だいじょう》・新嘗祭で、同様な神聖な明《あき》つ神となると信じられたことと似ている。

古伝新嘗祭は、古くは意宇郡熊野社に出雲国造みずからが参向し、そこで火鑽りの神事を行なっていたと伝えられるが、中古以後は世継ぎのときと同じく意宇郡の神魂神社で行なうことになり、これが長くつづいたが、明治になってから出雲大社で行なうことになった。伝えによると、熊野大神クシミケヌから国造の先祖アメノホヒがこの火鑽具を授けられ、これでオオナムチを祭ったという。その由来に基づき、毎年熊野神社から新たに造った火鑽り臼・杵を、熊野神社の社人の亀太夫《かめだゆう》という職のものが持ってき、この火によって炊いた神饌を国造が神と相嘗《あいなめ》（共食）する行事が、古くから行なわれた。これも国造の聖化の儀式であった。

『古事記』の国譲り神話に出てくる、オオナムチの御子のタケミナカタを祀る、信州諏訪神社の最高司祭大祝《おおはふり》が、やはり一種の明つ神、すなわち諏訪明神そのものの化身として、祭祀を受け、その就任を、「即位《そくい》」と呼んでいたこととも似ている。大和朝廷の統制下のなかば官僚的な国造制以前の、古い祭司王時代の豪族の面影《おもかげ》を残している。その就任式が、天皇の王権祭式である大嘗・新嘗祭などと似ているのは、当然である。このような祭司王的国造は、出雲や諏訪のほかに宗像《むなかた》、阿蘇などのそれがあった。

延暦十七年（七九八）の『太政官符』に、出雲と筑前の国造が神主を兼ねており、その国造新任の日、百姓《おおみたから》（一般庶民）の娘を、数多く召し出して神宮の采女《うねめ》と名づけ、これと神事に託して婚するという淫風《いんぷう》があることがあげられ、これを制限している。

S・H・フック、I・エングネル、T・ガスターなど、いわゆる「神話と祭式」学派が指摘する、オリエント、ヨーロッパ、インドなどの古い王権祭式には、一般に王の聖化の儀礼としての祓浄《ふつじょう》や、聖婚の行事、死と復活をあらわす儀礼、あるいは邪神や怪物との闘いをあらわす闘争儀礼、また神による国土の創造を語る神話の口誦などの要素がつきものであった。私が『日本神話の形成』や『日本神話と古代生活』などで詳述したように、日本の大嘗祭などの王権祭式にもそうした要素が窺われるが、とくに出雲や諏訪などの地方的神政には、そうした古い様式が残っていたのである。

オオナムチに関する、さまざまな物語も、これを祭る国造の神事儀礼と結びついているものも多かったろう。鋤をもっての国作りは、おそらく国造の神耕式などの行事と結びつき、その世継ぎのさい口誦されたのであろうし、オオナムチの根の国ゆき、および生大刀《いくたち》・生弓矢《いくゆみや》・天詔琴《あめののりごと》をもっての現世への帰還、および祭司王（ウツシクニダマ）への就任は、国造の死と復活、および玉璽《レガリア》をもっての即位をあらわしている。多くの妻妾《さいしょう》との交わりは、国造といわゆる神宮采女との聖婚の行事と関係があろう。

こうした王権祭式における聖婚の行事は、神に扮する王と王妃ないし巫女との秘事として行なわれ、その原義は、農作の稔《みの》りを促進させる、一種の予祝的呪術である。日本の神社の春祭における、田遊《たあそび》、御田祭《おんださい》などの行事に翁《おきな》と媼《おうな》との共寝の所作《しょさ》が演じられるのも、こうした聖婚の秘儀の散楽化《さんがくか》したかたちである。

出雲国造の仕える神

ところで、こうした出雲国造の行事を見ると、だれでも不思議に感じるのは、出雲国造の奉仕する神が、杵築のオオナムチと熊野のクシミケヌと、二柱となっており、二重性を持っていることである。『令 義解《りょうのぎげ》』を見ると、天神《あまつかみ》と地祇《くにつかみ》とを分けて、天神の部に伊勢、山城の鴨《かも》、住吉、出雲国造の斎《いつ》く神をあげ、地祇の部に、大神《おおみわ》、大倭《おおやまと》、葛木《かつらぎ》の鴨、出雲大汝神《おおなむちのかみ》をあげている。「出雲国造の斎く神」とは、国造が奉仕している意宇郡の熊野神社の祭神に他ならない。この神は、御食《みけ》を名とする神霊であり、稲魂の神であって、意宇川の上流の熊野山に社があったと『出雲国風土記』に記される。出雲国造の旧館のあった大庭《おおば》は、その下流であった。国造の火継ぎの式や古伝新嘗祭のあった神魂《かもす》神社は、国造の神をまつる斎場《さいじょう》であったといわれている。

　国造がこの意宇の地に古くから住んでいたことは、文献でも考古学でもはっきりしている。仁徳紀を見ると、出雲臣の祖先オウノ宿禰《すくね》が、大和朝廷に召し出されて、屯田司《みたのつかさ》を命じられている。これがもし史実だとすると、四世紀末か五世紀はじめには、意宇郡に出雲国造ら一族がいて、大和朝廷に服属していたことになる。律令時代にも、意宇郡は出雲の政治文化の中心地であり、熊野神社が鎮座するので、とくに神郡と呼ばれたが、国司の国衙《こくが》も大庭の地に置かれ、国造も代々大庭に住んでいた。大庭の神魂神社の中の正林寺には、鎌倉時代のその一族の墓や石塔が残っている。意宇川の流域、ことに大庭付近にある数多くの前期古墳群は、この一族のものであろう。近年「風土記の丘」が設置されている。

　熊野大神を、国造家が奉じたのはいつごろからかわからない。この神は『風土記』では、「イザナギの愛児《まなご》、熊野にますカブロノミコト」と呼ばれ、「国造神賀詞」でも、「イザナギノ日の愛児《まなご》カブロギ熊野大神」と呼ばれている。どうやらイザナギの子で、アマテラスの弟に当たるスサノオと同一視しているように見える。しかし、これは後世の出雲側の無理な筋書きにすぎないようだ。朝廷ではこれを認めていたとは思われない。

　熊野大神を奉じていた出雲臣一族が、なぜ西部出雲の杵築の大神オオナムチをも祀ることになったのか、それも不明であるが、東部の意宇地方にいたこの一族が、朝廷のバックアップにより、西部に進出し、群小の氏族を制圧して、オオナムチの祭祀権を掌握したという史的事実が背景にあったと考えるのが、いちばんよい説明であると考えられる。国造の祖先のアメノホヒが、オオナムチの祭祀を掌ったり、アメノヒナドリが神宝をもって天降り、オオナムチを媚《こ》び鎮めたりしたという伝承は、みな国造一族が杵築の祭祀権を掌握したことの由来話であろう。したがって私は国譲りの真の功績者は、アメノホヒとその子のヒナドリであったはずだと考えている。国譲り神話の中核は、国造家が伝えた、杵築のオオナムチ祭祀の由来話なのである。記紀の裏切話は、中央での説話的歪曲《わいきょく》なのであろう。

ではアメノホヒを祖神とする、この出雲臣一族が、どうして熊野大神を祀り、アメノホヒを祀らなかったのであろうか。その理由ははっきりとはわからない。『延喜式』の、出雲国能義郡の天穂日命《あめのほひのみこと》神社やそれと同一神といわれる『風土記』の野城大神などの祭所は、出雲東部のもっとも古い古墳群の多い、飯梨川下流地帯である。この地から出雲臣族はおこり、意宇平野に移動し、その土地に古くから鎮座していた熊野大神の祭祀権を独占したのかもしれない。

神賀詞奏上の政治的動機

しかし、ここで考えなければならないことは、この神賀詞の奏上はいったいなんのためになされたのかということである。私はこれを出雲国造ら一族がみずから考え出した政治的目的を持つ行事であると考えている。出雲国造は、この自家の祖先の手柄話を、なんとかして朝廷に売りこみ、その宮廷神話の体系の中に、これを組み入れてもらい、これを高く位置づけたいと切願していたらしい。

そうした自家の神話を、朝廷にとりあげてもらい、自家の系譜を、皇室の系譜の中に織りこんでもらうことは、当時の他の豪族にとっても、最大の関心事であった。それは自分の氏族が朝廷において、どんな地位を占めるかを決める基準となったからである。自家の祖先伝承を、宮廷に売りこむには、いくつかの方法があった。そのひとつとしては、一族の女子を天皇の后妃として献《たてまつ》り、それを通じて、生家の伝承を宮廷に持ちこむことである。これはよほど有力な豪族でないと無理である。一般の地方豪族は、その娘を采女《うねめ》として宮廷に送りこんだから、それによって、自家の伝承を、後宮を通じて売りこむこともあったと思われる。

このほか、畿内の豪族は、大嘗祭《だいじょうさい》などの王権祭式に、儀礼の諸役を分担したり、自家の伝来の神事芸能などを奉納したりして、その由来話を、一種の服属譚《ふくぞくたん》として語る場合もある。そうした縁起譚《えんぎたん》は、自家の祖神が皇祖アマテラスや皇族ホノニニギ、またその子孫の神武帝などに仕え、忠誠を尽したという筋を持っている。大嘗祭に、中臣氏が天神寿詞《あまつかみのよごと》を奏上し、忌部《いんべ》氏が三種の神器を捧げ、物部氏が楯を立て、大伴氏が久米部を率いて久米舞《くめまい》を演じ、阿倍氏が吉士舞《きしまい》を演じたことは著名である。それらの儀礼・歌舞のもとの意味は、皇室と関係のない、氏族の伝統儀礼や祝福芸能も多かったと思われるが、宮廷儀礼の一部となってから、天皇に対する服従と忠誠の由来を語る、宮廷的な伝承ができた。

天孫降臨の神話は、折口信夫、武田祐吉、三品彰英、その他多くの学者が指摘するように、元来、天皇の行なう宮廷の大嘗祭の由来話であった。その話の原初的なかたちは『日本書紀』本文に見られるように、タカミムスビ（アマテラスは出てこない）の命により、皇孫ホノニニギ（稲の穂がにぎわしく赤らんでみのるさまの意）だけが、ひとり天降ってくるというものであったが、この祭りがしだいに大規模となり、諸豪族がその祭りの諸役を分担するようになると、皇孫にしたがってさまざまな氏族の神々が、一緒に天降ってきたという話ができる。そうすればしめたもので、その氏族は「神代以来の名族」ということになる。

このほか、『日本書紀』持統五年（六九一）に、大三輪《おおみわ》、雀部《ささきべ》、石上《いそのかみ》以下十八氏が、歴史の編纂のためかと思われるが、自家の墓記を提出させられており、また同書天武十年（六八一）に、上毛野《かみつけの》、忌部《いんべ》、阿曇《あずみ》、難波《なにわ》、中臣《なかとみ》、平群《へぐり》などの諸氏が、国史の編纂を命じられている。このような歴史編纂事業に関与することは、宮廷神話へ自家の伝承を入りこませるには、しごく有利であった。

しかし、このようなあらゆる機会は、遠隔の出雲国造家には与えられなかったようである。大嘗祭には、卯の日の神事に、語部《かたりべ》による古詞の奏上があり、出雲の語部四人が出たから、風土的な伝承歌謡、たとえば『古事記』に見える「八千矛神《やちほこのかみ》の神語《かむがたり》」のようなものは、宮廷に知られるチャンスはあったであろうが、しかし出雲国造がなんらかの呪詞の奏上をするなどのかたちでの参加はなかった。また歴史編纂にも参与しなかったし、もちろん后妃の入内《じゅだい》など、遠隔のため望むべくもなかった。つねに日陰の存在とされていた。

しかし、出雲一国の支配者であるに止まらず、中国、近畿、東国などまで拡布した巨大な出雲信仰圏の法王的存在であり、出雲巫覡《ふげき》たちの総帥であった出雲国造としては、そのような、中央からの「無視」には、堪えられなかったのだろう。万事後手《ごて》にまわった国造家で、自家の神話の売りこみ策として考え出したのが、この神賀詞の奏上式であったのだろう。この儀式は、新しい国造が就任したとき、莫大《ばくだい》な神宝と幣物《そなえもの》の献上とともに、天皇の御前でヨゴトを奏上する式であり、これは天皇の寿命の長久と若返りを保証する呪術的機能を持つと信じられた。このヨゴトには、国造の祖神アメノホヒとその子のヒナドリとが、オオナムチをなだめまつり、国土を献上させ、オオモノヌシやコトシロヌシなどの、大和にまつられているオオナムチの眷属神をして、皇室の守り神とならせるにいたったという顚末《てんまつ》を、神話として物語っている。

神賀詞奏上式はいつ始まったか

この儀式は、出雲国造以外には、どの氏族も行なっていたという証拠はない。こうした国造の世継ぎのときの呪詞の奏上式は、かつては諸国の豪族でも行なっていたが、後世に出雲国造だけに残ったのだという説があった。しかし、その就任のたびごとに百人以上の同族をひきつれ、前後二回にわたり、莫大な献上物をもって上京するという、こんな出血的奉仕の行事が、大化前代に全国的に行なわれていたとは、とうてい考えられない。国史上にはじめて記録が見えるのは、奈良時代の霊亀二年（七一六）に、出雲臣果安《いずものおみはたやす》が、奏上したという『続日本紀』の記事である。これは『古事記』成立の四年後、『日本書紀』成立の四年前、『出雲国風土記』撰進の十七年前である。

この記事によると、天皇はこれに直接立ち会わず、神祇《じんぎ》官の役人がこれをとり継いだだけで、次の国造の出雲臣弟山《おとやま》の時から天皇が直接これを受けている。

こんなことから、倉野憲司氏や鳥越憲三郎氏などは、この儀式の実際の開始も、霊亀二年であり、最初は国造が自発的にこれを始め、これに対して朝廷側も、はじめは一地方の豪族の私的行事としてしか評価しなかったが、次回からは恒例化し、天皇もこれを直接にきくというかたちになったのだろうと、推定している（鳥越憲三郎『出雲神話の成立』）。

しかし、私は最初は国造が自家宣伝のための自発的行事であることは認めたいと思うが、この行事の開始は、そんなに新しい時代とは考えられない。その儀式に含まれる鵠《くぐい》の献上などの要素が、垂仁紀に見える皇子ホムツワケに、鵠を献上した話と関係があり、古い伝承と結びついているからである。また国造の神賀詞奏上のことは、『出雲国風土記』の意宇郡忌《いん》部《べ》神戸《かんべ》の条や、仁多郡三沢郷の条にも出てき、ことに後者では、オオナムチの子アジスキタカヒコのミソギの話が、神賀詞奏上のさいの国造のミソギの行事の由来話となっている。霊亀二年からわずか十七年後に成立の『風土記』に、できたばかりの儀式の由来話が載せられるはずもない。こんな行事に、そうした神話、伝説が付着するとすれば、少なくとも、二、三回ほどは過去に行なわれており、恒例行事と見なされていなければならないであろう。

私の考えとしては、この行事の開始はそれよりやや古くさかのぼり、記紀の編纂時代、天武、持統朝ごろに始まったというのである。それも出雲臣一族が、バスに乗り遅れたための苦肉の策として考え出した私的行事なのである。多大の出血的サービスとともに出雲臣一族はこのかつての出雲平定の功績譚を、朝廷に強引に売りこんだのだと思われる。

この話の骨子は、もともと出雲大社の鎮座縁起であり、オオナムチの祭祀の由来譚であったが、これを朝廷に売りこんでからは、宮廷の司祭家である中臣氏などが、これを自家につごうのよいような形の政治神話にゆがめ、その話の中に自家の氏神のタケミカズチを強引に割りこませ、その功績を特別に言い立てるとともに、この話を持ちこんだ出雲臣族の祖先のホヒを、とんでもない裏切者、二股膏薬《ふたまたこうやく》的な人物に仕立てあげたのである。

4　スサノオの神話

高天原のスサノオ

日本神話での最大の人気者はスサノオである。記紀における彼の内性は、あまりに複雑で、学者によっても、しばしば論議の的となった。高天原での彼の位置は、かなり大きい。『古事記』では、イザナギが黄泉国《よみのくに》から還って、その身の穢《けが》れを清めるため、日向国《ひゅうが》の小門《おど》の橘《たちばな》のアワギ原で禊《みそ》ぎをしたとき、両眼からそれぞれアマテラスとツクヨミとが生まれたのに対し、スサノオは鼻から生まれたという。

『日本書紀』本文では、この三神は、イザナギ・イザナミの国生みのとき、最後に生まれた存在とされ、同書の一書の二の伝えも同様であるが、一書の一では、イザナギだけが左手に白銅鏡を持ったときオオヒルメ（アマテラス）が、右手に白銅鏡を持ったときツクユミ（ツクヨミ）が、首をまわしてうしろをふりかえったときスサノオが、生まれたという。いずれにしても、イザナギを父とし、アマテラスを姉とする神である。

彼が父神から任せられた地も、日月二神がそれぞれ高天原と夜の食国《おすくに》（記）だとか、天上（紀本文）とか、高天原と滄海原《あおうなばら》（紀の一書）とか、いろいろな国の支配を任せられているのに対し、海原（記、および紀の一書）とか根の国（紀の本文、および一書）とか、天下

(紀の一書)とかであるが、ともかく宇宙を三分してその一を占める領域を持たせられるのである。「三貴子」の名にふさわしい。しかし、これほどの大きな地位と領国にもかかわらず、かれはこれを少しも治めようとしない。恐るべき、天上の秩序の反抗者・破壊者となる。

かれが死んだ母のイザナミを恋い、「八拳《やつか》ひげ、心前《むなさき》に至るまで」泣き叫び、そのさまは、「青山は枯山なす泣き枯らし、河海はことごとに泣き乾《ほ》しき」(記)というように猛烈なものであった。その号泣は、また「国の内の人民《ひとくさ》を多《さは》に夭折《しな》しめ」(紀)たという。怒った父のイザナギが根の国に追放するのである。私は、この三貴子の一人が不肖の子であったために追放するというモチーフは、もとヒルコが流されたという話と結びついていたもので、後にスサノオがこれと入れ替わって主人公となったらしいことを、前に考察したことがある(松前『日本の神々』)が、その考えは変わりない。

スサノオが高天原を訪れるさまも、「山川ことごとに動《とよ》み、国土みな震《ゆ》りきし」(記)という、驚天動地の状態であることも、注意してよい。天帝の玉座を窺うギリシアや北欧の巨魔《ティタン》の神話を思いおこさせる。アマテラスは仰天し、弟の参上を、天位をねらう二心《ふたごころ》かと疑い、男装し、武装して対面するが、スサノオは弁解し、二心のないあかしとして、誓約をし、めいめい呪術を行なって、子神を生む。ここにおいて、その生まれた子の中から皇室の祖のオシホミミと、出雲国造の祖のアメノホヒが出る。ここでアマテラスとスサノオは、ほとんど対等の存在のように描かれている。

天石屋戸の神事にちなむ宮崎県高千穂の岩戸神楽

スサノオは自分の潔白が証明せられたとして勝ちほこり、さんざんに乱暴する。アマテラスの作る天上の田のあぜをこわし、溝《みぞ》を埋め、その新嘗《にいなめ》の祭の祭場を不浄物で汚す。アマテラスは最初は怒らなかったが、神聖な機殿《はたどの》で新嘗の神の神御衣《かむみそ》を織っていたとき、スサノオが生きた馬を逆剝《さかはぎ》にし、機殿に投げ入れたので、天衣機織女《あめのみそおりめ》が驚いて死ぬ。ついにアマテラスは怒って、天石屋戸《あめのいわやど》を開き、石屋にこもると天地が暗くなり、邪神が騒ぐ。猿女君《さるめのきみ》の祖アメノウズメが、ホト（陰部）をも露《あら》わに踊り、中臣《なかとみ》の祖アメノコヤネが祝詞《のりと》を読み、忌部《いんべ》の祖フトダマが榊《さかき》を立てるなど、いろいろな神々の努力のおかげで、アマテラスはついに石屋から出てきて、天地は明るくなる。スサノオは責任を問われ、千位《ちくら》の置戸《おきど》（たくさんの償いの品）を出させられ、ヒゲ、手足の爪も抜かれ、根の国に追放される。これが記紀の粗筋である。この次の条《くだ》りになると、根の国に下るはずのスサノオが、出雲に下り、出雲神話が展開するのである。

以上を見てもわかるように、天上におけるスサノオは、皇祖神アマテラスの弟神として、三貴子の一人という重大な地位を占めながらも、天界荒らしの張本人であり、天位をねらう巨魔的な存在のような面を持つ。

こうした「天界の乱暴者」的な要素は、下界への追放の途上でも、まだ失っていない。『古事記』に見える、オオゲツヒメ殺しの神話では、食物女神オオゲツヒメに、スサノオが食物を乞うと、女神は鼻、口、尻からいろいろの食物を出して調理していた。これを窺《うかが》い知り、スサノオは汚れたものを食わせる気かと怒って、女神を殺す。女神の死体から、頭に蚕《かいこ》、目に稲種《いなだね》、耳に粟《あわ》、鼻に小豆《あずき》、ホトに麦、尻に大豆《だいず》、というふうに、それぞれ五穀が生じた。カミムスビがこれをとって、人間のための種子としたという。

これは、イエンゼンなども説くような、いわゆる「ハイヌウエレ型（Hainuwele Type)」の農耕起源神話であり、その原話は大林太良《たりょう》氏も説くように（『稲作の神話』）、東南アジア系の粟作・焼畑耕作民のもたらしたものかも知れないが、それにしても、この神話の、女神殺しの下手人は、スサノオとされているのである。

スサノオと宮廷の祭祀

高天原でのかれの所行《しょぎょう》をながめて、その「天界の乱暴者」としての要素を、かれの本来的な内性と考える説は、明治時代の高山樗牛《ちょぎゅう》や高木敏雄以来さかんに行なわれた。この神の名である、タケハヤスサノオ、タケスサノオ、ハヤスサノオなどの、タケやハヤは、勇武をあらわす美称にすぎないから、「スサノオ」は、「荒れすさぶ男」の意味だとし、これを自然神話的に解釈して、暴風雨神であるとするのである。

かれが「青山を枯山のように、泣き枯らした」といい、天地を揺るがす天界昇りを敢行したというのも、日神を岩隠れさせて、天地を晦冥《かいめい》にしたのも、畢竟《ひっきょう》「暴風雨神」なればこそであり、イザナギの鼻から生まれたというのも、暴風を天神の鼻息《はないき》に比したものであろうという（高木敏雄『比較神話学』）。記紀の高天原神話に、スサノオを登場させた編纂者たちの思惑として、スサノオを天界荒らしの悪役にしたてあげたとき、これに「暴風雨神」らしい特性を付与したことは、否定できないかもしれない。後に述べるように、本来かれは漁村に崇拝せられた、豊饒《ほうじょう》神・マレビトであり、海や船、風雨などにも関係深い存在であったのである。

しかし、高天原世界におけるかれは、じつはいくつかの祭儀神話の邪霊役の重ね写真にすぎず、また無理に割りこまされたよそ者にすぎないのである。国生み神話におけるスサノオは、もともとヒルコの話であったものが、すり換えられたらしいことは、かつて述べた。もしかすると、「青山を枯山のように、泣き枯らした」のはスサノオではなくして、手足の立たないヒルコであり、これが葦舟《あしぶね》ないし岩楠《いわくすぶね》船で流され、根の国（古くは海のかなたにあると信じられた）に追いやられた話であったのかもしれない（松前『日本の神々』）。

スサノオがイザナギの鼻から生まれる話も、日月二神と両眼という関係ほどにはしっくりとしないし、一書の伝えにある、イザナギがうしろをふりかえったとき、スサノオが生まれたという神話も、日月二神と白銅鏡という関係に対照して、なんとなくそぐわない。スサノオが古くから宮廷固有の霊格だったとすると、宮廷の中にスサノオが祭られていなければならぬはずであるが、その痕跡はまったくない。またスサノオを、皇祖神の弟にしたてるほどの、有力な豪族が、これを奉じたというなんの証拠もない。

しかし、またこの神の所行は不思議と、宮廷の古い祭式と関係を持っているのである。たんなる机上で創案された理念的産物にすぎないのなら、祭式と結びついているはずはない。この神の天上界での、神田荒らしや新嘗の祭場荒らしは、宮廷の新嘗の神事や大祓《おおはらえ》式の縁起譚らしいかたちを持っている。『延喜式』祝詞《のりと》の「大祓詞」の中の天《あま》つ罪《つみ》は、まったくスサノオの悪行と一致している。この大祓は、古代の信仰行事で、世の中の災厄や罪穢《つみけがれ》を、天つ罪と国つ罪とに分け、年に二度（六月・十二月の晦日《つごもり》）、国土から川を通じて、海のかなたの根の国にはらい流す行事である。

この天つ罪の中に、畔放《あはなち》、溝埋《みぞうめ》、樋放《ひはなち》、頻蒔《しきまき》、串刺《くしざし》、生剝《いけはぎ》、逆剝《さかはぎ》、屎戸《くそへ》などがあり、これらは他人の田を打ちこわし、厭がらせに種子を二重にまくような農耕妨害と、動物の生き皮を剝ぎ、糞便を垂れ流すという不浄行為を含む。ところがスサノオの天上の行為はその種目と一致する。『日本書紀』に、「春は樋放ち、溝埋め、畔毀《あはな》ち、また重播種子《しきまき》す。秋は挿《くしざ》し、馬を伏す」などと、スサノオの悪行を記している。これらを「天つ罪」と呼んだのは、スサノオが天上で犯した罪と同じだからである。これらを行なったため、スサノオは、手足の爪やヒゲ、唾《つばき》までとられ、さらに数々の祓の品を出させられて、根の国に追放になるのである。これは古代の祓の式である。

大祓式では、これらの天つ罪とともに、傷害、近親姦、獣姦《じゅうかん》、疫病、天災などを含めた国つ罪をあげ立て、これらいっさいの罪穢を、形代《かたしろ》の人形《ひとがた》に託し、川から海へとリレー式に流してしまうのである。この行事とスサノオとの結びつきは明白である。スサノオは、罪穢のにない手として流される人形の神話的原型である。これを流す行事は、宇宙をして、一時神代のいにしえに立戻らせ、国土を更新させるという呪的機能を持っていた。大祓式が元旦の前日に行なわれたことは、そうした意味を持っていた。

しかし、大祓式は、古くは新嘗のような農耕の祭りをともなうものであったらしい。『貞観儀式』や『延喜式』の大嘗祭の部を見ると、大嘗祭の前行事《まえぎょうじ》として、八月上旬に大祓の使が選ばれ、諸国に遣わされて、祓《はらえ》の行事を行なっている。大祓式の古い意味は、私は農耕神事としての機能を持っていたのではないかと思っている。その行事における祓稲《はらえのいね》の使用や、祓馬《はらえうま》の登場などは、その名残りではあるまいか。そうでなければ、その天つ罪の中に、農耕の妨害などの行為ばかりがあげられているはずはないのである。古い農耕祭儀に、実際に田畠を荒らしまわる、邪霊役が登場してその所作を演じ、これを最後に追放するような行事があったのであろう。後に人形がこれに代わり、農耕的な種目のほかに、災厄《さいやく》や人の殺《さっ》傷《しょう》、病気、獣姦などの一般の罪穢の種目が付加せられて、一種の追儺式《ついなしき》のような意味になってしまったのであろう。大祓式に立てならべる祓馬も、その原義は、スサノオが生剝ぎにした天斑駒《あまのぶちごま》と同じく、古くは農耕行事としての犠牲行事であったろう。

これで見ると、スサノオの天界荒らしとその追放の神話は、古い宮廷の大祓式と関係があることになる。それでは、この物語のクライマックスである天石屋戸への日神の岩隠れと、神々の祭祀の条《くだ》りではどうであろうか。ここで注意してよいのは、岩戸の前の行事では、スサノオはいっさい登場しないことである。たぶん、この石屋戸神話は、別系の説であって、それが大祓式の縁起譚《えんぎたん》である。スサノオの勝ちさびと、その追放の話の間に割りこませられ、ひとつづきの話とされたのである。つまり、古くは、スサノオがさんざん乱暴をし、田を荒らし、祭場を汚したので、これを根の国に追放したという筋であったのが、中間に日神の岩隠れという神話が入りこませられて、乱暴の結果、日神は怒って岩隠れするという筋書きとなったのである。こうした割込みも、私は、七、八世紀の中央の政治的産物であると考えている。

それにしても、日神アマテラスの岩隠れの話は、宮廷の新嘗祭の前日、十一月中寅《とら》の日に行なわれた、天皇の御魂《みたま》の招復を図る鎮魂祭と関係があることは、従来よく知られる。この祭は、そのとき歌われる鎮魂歌に、「とよひるめが御魂欲《みたまほ》す、本は金矛《ほこ》、末は木矛」とか、「御魂《みたま》上り、魂上りましし神は、いまぞ来ませる」とか歌われているように、本来、冬に衰えた太陽の霊力の更新のため、その鎮魂《たまふり》を行ない、一陽来復《いちようらいふく》を図るという、一種の冬至《とうじ》祭、太陽祭的機能を持った祭りであったらしいことは、すでに定説化している。石屋戸の話でも、日神は新嘗の祭りのとき岩隠れをする。「岩隠り」が貴人の死をあらわす話であることは、『万葉集』にも多くの事例がある。天石屋戸で、ウズメはウケという中空の桶のような容器を伏せて、その上に乗り、矛または榊で、ウケの底を突いて、踏み踊ったが、鎮魂祭でも、御巫《みかんなぎ》という、神祇官の巫女《みこ》が同様なツキウケの行事をした。天石屋戸神話とこの祭りとの関係は明白である。

この岩戸の前の祭儀では、スサノオは登場しない。日神の魂を奪いとり、これを岩隠れさせる元凶《げんきょう》としての邪霊役の存在は、この祭りにも、当然想定されていたであろうから、その役をスサノオが引き受けるようなかたちに、説話をいろいろつなぎ合わせ、修正を加えたのが、現在の筋なのである。こうして、高天原におけるスサノオ、言いかえれば、大和宮廷の中央神話におけるスサノオの虚像は、巨大化していった。

しかし、私の考えとしては、こうした「高天原的スサノオ」は、本来のスサノオではない。スサノオの原像は、むしろ地方の霊格である。スサノオは、本来、「荒れすさぶ男」ではなく、スサという一地方の男神を意味する名である。このローカル神を、ある時期に朝廷で、大きくとりあげて、宮廷祭祀やその神話的世界における、悪役に仕立てたのである。私はこの虚像としてのスサノオの成立は、どう見ても、七、八世紀のころであろうと考えている。

出雲神話へのつなぎ

大嘗祭・鎮魂祭・大祓などの宮廷固有の祭式と、高天原神話における皇孫ホノニニギの天孫降臨譚、皇祖アマテラスの岩隠れを語る天石屋戸神話、斎田や神祭に対するあらゆる妨害行為、不浄行為などの天つ罪の起源を語るスサノオの勝ちさびおよび追放の神話などとの結びつきは、従来認められているようにたしかに否定できない。それらの宮廷祭式における、神に反抗する「巨魔的《ティタン》な」役目を持つスサノオと、出雲神話における文化神的、祖神的役割を持つスサノオと二つの異質的な原像を結びつけるつなぎは、いくつか、記紀の物語の進行中に見いだすことができる。またこのつなぎの無理な文章上の継ぎはぎや、後でも述べるように削除《さくじょ》の跡もはっきりとわかる。

大蛇《おろち》退治の話が世界大の「ペルセウス型」の人身御供《ひとみごくう》譚《たん》であることや、大蛇の尾に剣があることが民譚にもあるらしいことなどから、この話の起源は民間のものであったらしいことはわかるのであるが、最後にその草薙剣《くさなぎのたち》を皇祖神に献じたというモチーフは、もちろん後世的な付加物に違いない。後につづく天孫降臨神話で、皇孫がこの剣を加えた三種の神器をもって天降ることになるから、この献上の話は、天孫降臨の伏線として、置かれたものである。

ホノニニギだけが一人真床追衾《まどこおうふすま》に包まれて、群神もつれず、神器も持たず、ひっそりと天降るという『日本書紀』本文の伝承がもっとも古い天孫降臨の話である。五部神《いつとものおのかみ》や多くの伴神を従え、三種の神器をもって、威風堂々と降下するという『古事記』の伝承は、もっとも新しいかたちであって、三品彰英氏はこれを「政治神話の時代」の産物であるとし（『日本神話論』）、私は七、八世紀の律令時代の産物であると考えた（『日本神話の形成』）。スサノオの神剣献上の説話も、そのころの産物であろう。

ところが、この献上の話が加えられる以前の、いわば「原《プロト》天石屋《あめのいわや》神話」ともいうべきものには、鏡と玉とだけでなく、剣の製作も語られていたらしい。『古事記』に「天の金山《かなやま》の鉄を取りて、鍛人《かぬち》天津麻羅《あまつまら》を求《ま》ぎて、伊斯許理度売命《いしこりどめのみこと》に科《おほ》せて鏡を作らしめ、玉祖命《たまのやのみこと》に科《おほ》せて八尺《やさか》の勾璁之五百津《まがたまのいほつ》の御統《みすまる》の珠を作らしめて」とある文には、脱文があったらしい。「天津麻羅を求ぎて」と「伊斯許理度売命に科せて」の間には、「剣を作らしむ」という文があったのを、後に草薙剣《くさなぎのたち》の献上の話が出てきたため、この場ではこの剣の部分だけ、わざと削り、鏡と玉との二者だけを、岩戸の祭りに登場させたというのが、倉野憲司氏の主張である（『日本神話』）が、おそらく正しい。

この剣の削除やスサノオの神剣の貢上というモチーフが、出雲神話への橋わたしとなっているのであり、この文筆作業によって、出雲神話が巨大化し、宮廷神話の中枢《ちゅうすう》に割りこませられているのである。こうした文筆作業によって、中央神話に割りこませられた時期は、どう見ても、文筆による削訂作業が行なわれた七、八世紀の記紀編纂時代になると考えられる。

ウケイの神話の成立

スサノオは、高天原神話において、他にもいろいろと出雲神話への橋わたし役をしている。天真名井《あめのまない》におけるウケイの神話などは、出雲と高天原とのつなぎのための伏線である。『古事記』によると、スサノオは自分の心の潔白をあらわすあかしとして、天安河《あめのやすかわ》に、アマテラスと向かい合って立ち、おのおのウケイをして子を生んだ。アマテラスがスサノオの剣をとり、三段に折って、天真名井にそそぎ、口に嚙《か》んで吐くいぶきから宗像《むなかた》の三人の女神、タギリヒメ、イチキシマヒメ、タキツヒメが誕生し、次々にスサノオがアマテラスの腕や髪につけた玉をとって、これを嚙んで、霧のように吐き出すと、五人の男神が誕生した。アメノオシホミミ、アメノホヒ、アマツヒコネ、イクツヒコネ、クマノクスビの五神である。アマテラスとスサノオは、このめいめい生んだ子が、互いに相手の物実《ものざね》から出たというので、交換し、五男神はアマテラスの子とされ、三女神はスサノオの子とされたという。

じつに複雑きわまる相互交換から、これらの神々は生まれたわけである。『日本書紀』の本文もほぼ同じであるが、書紀の異伝の中には、両神がめいめい自分の持物の玉と剣とを用いて、子を生み、とり換えたとする伝えなどもある。それにしても、この神話をよくながめると、じつは皇室の祖先のオシホミミと、出雲国造の祖先のアメノホヒとを、同じ親、つまりアマテラスとスサノオの二神から生まれた存在だと主張するために設定した説話であることがわかる。書紀を見ると、五男神のイクツヒコネとクマノクスビとは、子孫としての氏族のことが記されず、アマツヒコネの子孫の家は、諸書によって不統一である。いずれも後世の付加物である。もともとは皇室と出雲国造とを、同祖の系譜に入れることにあったのだろう。

これらの誕生を、二神の正常な婚姻によるものとしないで、玉や剣を物実としてウケイを行ない、生んだことにしたのは、アマテラスが清浄な処女神であるという、当時の信仰を無視できなかったのであろう。互いに相手の呪宝を貰い、これを物実として呪術を行ない、それによって生まれた子をさらに交換するという、複雑な手続きによって、やっとオシホミミは、アマテラスの子とされるのである。この説話は直木孝次郎氏なども論じるように（『日本古代の氏族と天皇』）「日の神であった天照大神を、皇祖神に切りかえるために起った作為」であると考えられるが、また横田健一氏が論じ（「天真名井盟約神話異伝考」『日本書紀研究』第四冊）、また私もいくつかの著述で論じた（『日本神話の形成』『日本の神々』）ように、皇室と出雲国造とを同一系譜に盛りこみ、後につづく出雲神話への伏線とした試みであった。これらの男神・女神を祖神とする豪族は、西は対馬《つしま》県直《あがたのあたえ》や宗像君《むなかたのきみ》から、東は武蔵、茨城などの国造らを含む、全国的なスケールにわたっている。この神話は、どう見ても、これもやはり七、八世紀のころの、中央貴族の製作なのであろう。

八岐大蛇の神話

高天原を降って後のスサノオは、まるで打って変わったような、英雄神、文化神ぶりを示している。まず記紀に記されるその活躍を見よう。高天原を追われたスサノオは、根の国に下るはずであったのに、いつのまにか出雲の肥《ひ》の川（斐伊《ひい》川）の上流の鳥髪《とりがみ》の地に天降った。箸が川上から流れてきたので、上流に人が住んでいると思い、さらに溯ると、老人夫婦が乙女を中に泣いていた。事情を尋ねると、翁《おきな》は国つ神で、オオヤマツミの子のアシナズチ、媼《おうな》は妻のテナズチ、娘はクシナダヒメと名のり、自分たちにはもと八人の娘がいたのを、高志《こし》（北陸）の八岐大蛇という頭が八つ、尾が八つの大蛇のために毎年一人ずつ食べられ、いよいよ最後の娘の番ですといった。

大社町に伝わる八岐大蛇退治の出雲神楽

スサノオは身分を明し、娘を所望《しょもう》し、代わりに大蛇を退治しようと申し出た。夫婦は喜んで同意した。スサノオは娘を櫛《くし》に変え、自分の髪にさし、翁夫婦に酒を造らせ、八つの酒槽に盛らせ、大蛇を待った。やがて大蛇はやってきて、八つの頭で酒を飲みはじめた。物陰に隠れていたスサノオは、剣でこれをずたずたに切り殺し、肥の川は血に変じて流れた。尾を切ったとき、剣の刃が欠けたので、尾を切り裂いて見ると、霊剣が出た。そこでスサノオはこれを姉のアマテラスに献上した。これが草薙剣《くさなぎのたち》で、皇位の御璽《みしるし》、三種の神器のひとつとされ、熱田《あつた》神宮にまつられている。

三種の神器とは、天石屋戸《あめのいわやど》の神話で、日の神をおびき出すために作らせた八咫鏡《やたのかがみ》と八尺瓊《やさかにの》曲玉《まがたま》との二つに、この剣を加えたもので、この三つ出そろった宝物を、後に天孫降臨でホノニニギが持って天降りをし、それ以来、天皇の即位のときの玉璽《レガリア》となるのである。

八岐大蛇を退治し、乙女クシナダヒメと結婚したスサノオは、出雲の須我《すが》（須賀）の地にいき、「わしはここに来て心がすがすがしくなったぞ」といい、宮殿を造って住んだ。そのとき、その地から雲が立ち昇ったので、次の歌を詠んだ。

八《や》雲立《くもた》つ　出雲八重《いずもやえ》垣《がき》　妻ごみに　八重垣作る　その

以上は『古事記』であるが『日本書紀』でもほぼ同じである。大蛇退治の場所はいずれの伝えも出雲の肥の川上鳥髪（鳥上）となっている。異伝がひとつだけあって、一書の二の説に、安芸《あき》の可愛《え》の川上となっているが、これもその水源は出雲の鳥上山であるから、地域的には違いはない。この神話は不思議なことに出雲の現地の『風土記』には一言も述べられていない。『出雲国風土記』には、大原郡斐伊郷の条りに、ヒノハヤヒコという神が鎮座することが出ていて、地名説話となっているだけである。このことから、この話は元来記紀神話作者の造作ではあるまいかという考えかたもある。

しかし、記紀にはあって『出雲国風土記』にはないという神話は、たんにこれだけでなく、スクナヒコナ、オオナムチなどもある。この話を政治的な作り話であるとするには、あまりにも民間にポピュラーな型の人身御供譚《ひとみごくうたん》であることや、またよく見ると出雲民間の蛇神崇拝ともよく結びついていること、また出雲の簸《ひ》の川（肥の川、現在の斐伊川）の上流の製鉄とも結びついていたらしいことなど、数々の問題を残している。私はやはり出雲の風土伝承が素材であったと考えているのである。

人身御供譚の意味

八岐大蛇退治のスサノオは、神というよりは、むしろ民に危害を加える怪物を殺して、乙女を救う青年英雄である。オリエントやヨーロッパなどの叙事詩や伝説に出てくる英雄は、そうした人身御供に捧げられた乙女を救い、怪物や悪龍を退治し、乙女と結婚するという筋を持っていることが多い。いわゆる「ペルセウス・アンドロメダ型」と呼ばれる民譚がこれである。ギリシアのペルセウスが、海の怪物の餌食《えじき》にされようとしたアンドロメダ姫を救う話は有名であるが、イギリスのベオウルフ、聖ジョージ、ドイツのジークフリートなどみなそうした英雄である。これはユーラシア大陸に広く分布する、世界拡布《かくふ》型の説話であるが、東アジアでは、中国、朝鮮、インドシナ、ボルネオ、フィリピン、アイヌ、ギリヤークなどに分布し、大林太良氏などは、これを文化文明の影響下の産物であろうと述べている（『日本神話の起源』）。

中国の『捜神記《そうしんき》』に、昔、福建省《ふっけんしょう》に大蛇がいて乙女の犠牲《いけにえ》を要求したが、李誕《りたん》家の末の娘の寄《き》が、みずから人身御供になることを志願し、犬をともなって廟《びょう》におもむき、大蛇を待ち受けて殺すという話がある。朝鮮でも済州島《さいしゅうとう》の伝説に、金寧《きんねい》に、昔窟《クルタン》堂と呼ぶ神堂があり、毎年処女をささげてまつり、これを怠ると凶年になるといわれるが、ある年、牧使（島の長官）の某が、人身御供に当てられた、自分の部下の娘を救おうと、神堂に娘を供え、待つうちに、大蛇があらわれたので、斬り殺した。それ以後人身御供はやんだが、彼自身も帰途死んだという。

日本の伝説でも、『今昔物語』に見える猿神退治や、講談の岩見重太郎のヒヒ退治、また陸奥《むつ》の胆沢《いさわ》の掃部《かもん》長者伝説など、人身御供の説話は広く語られている。諸国に残る兵坊太《ひょうぼうた》郎《ろう》、早太郎《はやたろう》などという犬が、人身御供を求める怪物をかみ殺したという伝説、また神社の縁起としては、有名な遠江《とおとうみ》小笠郡〔現・磐田市〕の矢奈比売《やなひめ》神社や、近江野洲郡〔現・野洲市〕の三上神社、同じ滋賀郡の両社神社などの、古い神社に伝わる人身御供の神事の由来話がある。人身御供の神事といっても、後世に残った神事は、もちろん実際のそうした犠牲行事があろうはずはないが、多くの場合、人形《ひとがた》や動物の犠牲などが神前に供えられたり、あるいは美しく化粧した女児などが供膳《きょうぜん》をして、そうした神事の名残りだといっている。

たとえば、三上神社では、かつて二月の巳・午の日に、社人の中から人身御供の娘を選び、長持《ながもち》に入れ神殿にあげたが、一人の娘がマンダラをしのばせ、怪物をこれで打ち伏せた。怪物の大蛇は角をおとして昇天し、この風は止んだ。のちオコモリといって、神殿の鬼の間で、人形《ひとがた》を供えることとなったという（肥後和男『古代伝承研究』）。祭の幣物《そなえもの》、人形《ひとがた》、供物などに、ヒトミゴクなどといって、古い人身犠牲の遺風だとする伝えは諸国にすこぶる広い。

このような人身御供譚が、かつて実際に人間の犠牲をささげたことの記憶であるか、ないかは、人類学者、民族学者、民俗学者によってしばしば論議せられた。実際に豊饒《みのり》の神に少女を殺してささげたメキシコのアズデック族や、インドのコンド族の例もあるから、そうした行事の記憶が絶対になかったとは断言しきれない。それにしても、ユーラシアに分布するこのタイプの話には、あまりに類似、共通する筋が多く、それらがみなそれぞれその土地の古い犠牲行事の記憶から出た話だとは言いがたい面がある。

日本の伝説をあげると、この怪物を退治する者が山伏や六部《ろくぶ》だったり、娘の名がサヨだったり、ともなった犬が兵坊太郎、早太郎だったりしている。陸奥胆沢の掃部長者の説では、長者の女房が禁断の魚を食ったため蛇体となり、三年に一度ずつ人身御供を求めていたのを、オサヨという女がこれを解脱《げだつ》させたという。また同国の江刺《えさし》郡の魚懸《うおかけ》観音の縁起では、蒲生《がもう》長者の妻が大蛇となり、松浦佐用媛《まつらさよひめ》をとって食おうとしたが、法華経《ほけきょう》の功徳《くどく》で得脱《とくだつ》したと伝える。乙女の名にサヨと発音する名が多いのは、柳田国男氏も論じるように、『万葉集』に見える大伴狭手彦《さてひこ》の妻の松浦佐用媛、またそれと同一人物であると思われる『肥前国風土記』の弟日姫子《おとひめこ》が、水の神の大蛇に魅入られたという説話と、同系のものであり、おそらく民間の巫女《みこ》によって、この型の説話が、諸国に運ばれていったのであろう（『妹の力』）。

人身御供の神事に用いられる人形《ひとがた》は、おそらく最初は神自身の形代《かたしろ》であったものが、後になって人間の代用だと誤解されるにいたったものである。また他の動物の犠牲は、最初神にささげる狩の感謝の印の供物であって、人間を殺したことの名残りとは思えない。祭りの斎《さい》女《じょ》や稚児《ちご》を、人身御供の名残りだとする伝えも、もとは神に仕えるヨリマシであったものが、誤解されたにすぎない。こうした儀礼の原義が不明になると、やがてその由来話として、アンドロメダ型の説話などで、これを説明したのが、こうした神事の縁起譚なのである。

八岐大蛇の場合でも、この斐伊川の上流で実際に若い女を殺して、蛇体の神にささげる犠牲行事があったことの記憶だと考えるのはゆきすぎである。ただこの地方には、次に述べるように、古くから蛇神・水神に、若い娘が妻として仕え、供饌《きょうせん》などするような神事が行なわれていたから、それにアンドロメダ型の説話が結びついたため、そんな話ができあがったのであろう。それがまたスサノオの崇拝に結びつき、やがてそれが朝廷の神話体系に包摂されて、スサノオが蛇の尾から出た神剣を、アマテラスに献上するという話になったのであろう。『日本書紀』を見ると、一書の四の伝えにこの剣を天上にたてまつったのは、スサノオの五世の孫のアメノフキネだという。蛇を退治してすぐでは、出雲に降ったばかりのスサノオには困難なことだからであろう。

八岐大蛇と蛇神の祭り

日本の農村では、稲の生育に必要な雨水を供給する神として、蛇体の水神・雷神がまつられ、またこれがしばしば農神・田の神と同一視されている。この蛇神は祭りを怠らなければ、適当な雨水をもたらし、豊饒の恵み手となるが、怠ると洪水や嵐をおこす、恐るべき存在であった。今でも関西方面の農村では、山の神とか野神とか呼んで、ワラで蛇体を作り、祭りの日に、これに小さい農具を供えたり、神酒《みき》や神饌《しんせん》を供えたりし、また子どもたちや若い衆たちが行列してこれを運びまわり、神木に巻きつかせる行事が広く行なわれている。

八岐大蛇の神話の母胎地ともいうべき山陰地方では、今でも蛇体の農神をまつる行事は盛んである。石見安濃郡佐比売村《いわみあのさひめ》の「御岬《おみさき》さん」の十一月九日の祭りでは、家々から集めた稲のモミは神前に供え、ワラで四十八尺の長大な蛇の形の綱を作り、鱗幣《うろこへい》という紙の幣《しで》三十六本を切り、これにさす。祭りの日、前年から造った神酒の瓶《かめ》をあけ、このできかたで豊作か凶作かを占なうという。ここでワラの蛇の背にたくさんの幣や榊《さかき》をさしたり、これに神酒の瓶を供え、埋めて、そのでき具合によって豊凶を卜するというような風習は、すこぶる広い地域にみられる。

『古事記』を見ると、八岐大蛇は「その目は赤かがち（ホオズキ）のごとくして、身一つに八頭八尾《やがしらやを》あり。またその身にこけと檜榲《ひすぎ》と生ひ、そのたけは谿八谷《たにやたに》峡八尾《をやを》にわたりて、その腹を見れば、ことごとに常に血《ち》爛《ただ》れつ」と形容されている。この大蛇の背に苔や檜、杉が生えるという表現は、前に述べた山陰地方のワラの大蛇の背に幣や榊をさす風習を思い起こさせる。出雲の簸川《ひかわ》平野地方でも、田畑の中の叢林《そうりん》を祭場とする荒神の秋の祭りには、ワラの蛇を作り、神木に巻きつけ、これに幣やシボ（ワラヅト）を立て、注連《しめ》を張って祭り、またこれに瓶に入れた麴《こうじ》や粥《かゆ》などを供える。八岐大蛇に酒を飲ませる話を思い起こさせる。

日本各地に行なわれる蛇《じゃ》祭り、綱かけ祭り、シャカシャカ祭りなどと称する行事は、みな若い衆や子どもが大きなワラの蛇をかつぎまわり、神木や社寺の柱にまきつけて、これに酒食を供するというかたちが多い。綱引の綱も、こうした蛇祭りの当日の行事として、この蛇縄を用い、引き合うことが多い。

九州では八月十五夜の綱引は、一般にカヤやカズラなどで蛇縄を作ることが多いが、青柳真知子氏（「綱引についての一考察」『石田英一郎教授還暦記念論文集』）や小野重朗氏などの研究（『十五夜綱引の研究』）によると一般に雌雄の蛇に見たてて女綱《めづな》・男綱《おづな》を作り、この交合になぞらえて両者の先端をくい合わせ、その中央のふくらみを蛇が卵を呑んでいるさまであるとか、また両綱からめいめい八本ずつの子綱を出して放射状にし、八岐大蛇になぞらえたりしていて、蛇への連想が強い。これらはおそらく古代の水の神の蛇を迎える祭りが競技化したものであろう。類似の綱引と龍蛇信仰との結びつきやその性的意味など、隣りの朝鮮の索戦《チュルダリキ》の行事にもあり、また東南アジアにもあるが、大林太良氏は、これを水稲栽培文化と結びつけている（『稲作の神話』）。

私は、八岐大蛇神話そのものも、実際に古代の出雲地方で行なわれた蛇祭りの印象が、誇張されて語られたのではないかと考えている。目がホオズキのようで、背にたくさんの樹木が生えていたなどは、実際にホオズキなどで目をつけ、茅《かや》やワラなどで作った長大な蛇体の背に、たくさんの榊《さかき》、串、幣、青葉などをさし、元気壮《さか》んな若い衆がこれをかついで、すさまじい勢いでのたくりながら社殿に入っていくという、蛇祭りの光景を思い浮かばせる。山陰地方の田の神サンバイ様も、田植歌では、母が大蛇であることが歌われているし、またこのサンバイと同系の阿波のオサバイも、蛇体であることが信じられている。

サンバイの花嫁御は、イナヅル姫という名であり、稲の神らしいが、田植歌には、この両人の結婚が歌われる。柳田国男氏は、かつて、田植の昼飯を運ぶ乙女ヒルマモチないしオナリが、儀礼においてイナヅル姫の役を演じ、神を接待し、その嫁としてふるまったらしいことを推定している（『妹の力』）。八岐大蛇に供される人身御供の娘クシナダヒメは、クシイナダヒメ、イナダヒメとも呼ばれている。クシは美称にすぎないから、イナダヒメ、つまり

「稲田の女神」を意味する。イナヅル姫と似た名である。実際においては、斎女が選ばれて、この役を演じたのであろう。

大蛇とイナダヒメとの関係は、もともと「怪物と人身御供」ではなくして、蛇体の水神・農神と稲田を象徴する女神との結婚であったのであり、そうした行事によって、稲の稔《みの》りがあると信じられたのであろう。スサノオが八岐大蛇のことを「汝は畏《かしこ》き神なり、敢て饗《みあえ》せざらむや」（紀）といい、酒を供したという話があるのは、その痕跡であろう。この蛇祭りのもとの意味が不明となり、スサノオのような新しい人間的英雄神の崇拝に包摂されると、かつて尊崇された蛇神は、英雄神に退治される邪悪な怪物とされ、結婚相手の稲田の女神は、あわれな人身御供の女とされてしまう話となる。そして女神の役をつとめた斎女は、諸国の人身御供の神事のイットキジョウロウなどのように、その遺風としての奉仕だと解釈されるようになる。

近畿地方の山の神、水神、疫神などの祭りには、蛇体を象徴するものとして、弓矢を射たり、刀で切ったりする行事が少なくない。多く蛇退治の口碑《こうひ》が付いているが、有名な鞍馬《くらま》の竹伐《たけき》り会式《えしき》などもそのひとつである。肥後和男氏などは、こうした斬蛇《ざんだ》儀式を八岐大蛇神話の母胎だと考えた（『日本神話研究』）。その意味は、たんに水の神としての蛇に供物をささげ、雨水の潤沢《じゅんたく》を祈るという観念より一歩進めた、蛇を洪水や疫病をもたらす有害な存在と見る観念に基づいている。この蛇を殺すことにより、この害悪を防ごうというのである。八岐大蛇でも、かつて出雲にそうした行事があり、最初に大蛇と姫との結婚が行なわれ、その後これを刀で斬ったりする儀礼があったのであろう。その由来話として、後に民譚の「アンドロメダ型」の話が付着したのかもしれない。

神婚の神事

八岐大蛇《やまたのおろち》の神話は、前にも述べたように、『出雲国風土記』には見えないことで、この物語が出雲産であることを否定する学者もないではない。しかし、この説話ときってもきれない姫の名が、『出雲国風土記』にも登場する。この大蛇のゆかりの地の斐伊《ひい》川沿いの飯石《いいし》郡熊谷郷《くまだにのさと》の条に、クシイナダミトヨマヌラヒメという女神が登場するのがこれだ。この熊谷の地を「いとくまくましき谷（奥まった谷）なり」といい、この地を出産の地と定めて御子を産んだという。クシイナダミトヨマヌラヒメという名は、加藤義成氏によれば「奇《く》しく神秘な御霊をもって稲田を見守る、豊かに美しい玉のような姫」を意味し、クシイナダヒメの別名であろうと解釈している（『出雲国風土記参究』）。

クシイナダヒメは、おそらくこの熊谷を中心とした稲の女神であろう。この女神と水の神の大蛇との神婚がその祭りに演じられ、農民たちはそれによって稲のみのりを祈ったのであろうが、後に侵入してきたスサノオの崇拝によってその祭りにも、神話にも変化が生じたものと思われる。この女神の祭祀や聖所が斐伊川流域に認められるかぎりは、この物語の出雲出自は間違いあるまい。

斐伊《ひい》川流域での古代の蛇神の秘儀から出たと思われるもうひとつの話は『古事記』の垂仁

の巻にある。例のホムチワケ皇子の話である。この皇子が出雲大神（オオナムチ）を拝して帰るとき、肥の川に、黒木の橋を作り、仮宮を建てて住み、さらにそこから檳榔《あじまさ》の長穂宮《ながほのみや》に住んだが、一夜ヒナガヒメという美女と婚した。ところが皇子がその乙女を窺うと、正体は大蛇だったので、驚き畏れて逃げ出した。その跡を大蛇となった姫は海原を照らして追いかけてきたという。

　トヨタマヒメの神話に似た怪婚説話であるが、この場所は肥の川であり、その名もヒナガヒメとなっている。ヒナガのナガは、柳田国男（『西は何方』）、高崎正秀（『古典と民俗学』）などの諸氏が説くように、青大将をあらわすオオナガ、オオナギなどという方言、ウナギ、アナゴなどの蛇属類似の水中動物の名などを参照すれば、蛇体をあらわす語であることはわかっている。この話は、八岐大蛇の話とは男女裏返しであるが、この肥の川の流域での神婚の秘儀の由来話であったことは同じであろう。

クシイナダヒメの壁画〈八重垣神社〉

　斐伊川よりは東の意宇《おう》郡にこの八岐大蛇の故事に因《ちな》んだという、有名な八重垣神社がある。大庭《おおば》の大宮といわれる神魂《かもす》神社から歩いて十五分ばかりの佐草《さくさ》にある。その本殿には有名な重文の壁画の神像があり、ここに画かれたイナダヒメは豊頬朱唇《ほうきょうしゅしん》の美人である。この神社は、もともと『出雲国風土記』意宇郡の条の佐久佐社《さくさのやしろ》で、スサノオの子のアオハタサクサヒコの社であった。したがってスサノオの崇拝圏に属することは本当であるが、この祭神がスサノオとイナダヒメとなったのは中世以降らしい（写真参照）。

近年、ここの奥の院にある鏡の池からは、六、七世紀ごろの須恵器《すえき》その他の祭器が出土しているから、ここの社自体は古い起源のものらしい。したがって、古い意義を持つと考えられる特殊神事が残っている。五月三日（旧四月三日）の「身隠神事《みかくし》」などがこれである。当日、神霊を載せた神輿《みこし》を、本殿から奥の院の佐草の森に担いでいくが、このとき神輿の前に翁《おきな》・嫗《おうな》・姫《ひめ》の面をつけ、衣裳をまとった一行が歩く。その中の姫役は、とくに絹垣《きぬがき》（絹でめぐらしたとばり）に周りをかこまれながら歩く。一行は奥の院の鏡の池の上方の大杉を二周し、神輿をすえ、ミタマ移しを行なって帰るのである。

この祭りについて、江戸時代の『懐橘談《かいきつだん》』には、「本社より御垣の二本の杉の本、陰陽の神光臨《こうりん》ならせたまふ」と記されている。どうやらこの神木を中心に、男女の神の結婚が行なわれたことを暗示するようである。おそらく絹垣にかこまれて歩く姫役そのものこそ、本来の祭りの中心であり、この女神と鏡の池の水神・蛇神との神婚儀が行なわれたのではあるまいか。現在の社伝では、イナダヒメが八岐大蛇の毒気を忌み、蛇の出る四月になると身を隠すのだと伝えている。十二月（旧十一月）には、もとの社殿に還幸の儀がある。

『雲陽誌《うんようし》』によると、正月五日、大蛇綱《つな》といって、ワラで大きな綱を作り、マトを立て、その上にこの蛇綱を引き、神主がこれを射る歩射《ぶしゃ》の行事があった。もともとこの社が蛇神の祭祀と結びついていたことは明白である。ここでは、蛇神と女神との神婚儀、およびその蛇神を射る儀礼なども行なわれていたのであり、その意味で、八岐大蛇の故事を結びつけるには、都合がよかったのであろう。それにしても、古代の出雲地方においても、同様な過程で、蛇神の祭祀から大蛇退治の神話が生まれなかったとは言いきれまい。

八岐大蛇と鍛冶部

この物語が出雲起源のものであるという証拠は他にもある。それはこの物語と、この地の斐伊川上流における鍛冶部《かぬちべ》との関係である。この川や、飯梨川の上流は古くから砂鉄を産し、鉄器・鉄具を造る鍛冶の集団がいた。『出雲国風土記』の仁多郡や飯石郡の条にも、砂鉄が多くとれることが記される。後世にも、この地方は、俗に金屋、踏鞴師《たたらし》といわれる漂泊的採鉱冶金《やきん》業者の根城であった。今でも、飯石郡の菅谷や仁多郡の横田などにいくつかの踏鞴場が残っている。踏鞴とは火の熱を高めるためのフイゴのことである。

かれらが砂鉄をとる方法は、肥の川を利用して、この水によって切り崩した砂鉄を含んだ花崗岩《かこうがん》を下流に流すのであり、それによって砂鉄分だけを選び出す「かんな流し」を行なっている。これには大量の水が必要であったから、川上の水神を、鍛冶部も奉じたのであろう。かつて山田新一郎氏などが論じ（「神代史と中国鉄山」「歴史地理」所収）、またその後も幾多の研究者が論じたように、八岐大蛇の尾からの草薙剣《くさなぎのたち》の出現の話が、この地方の砂鉄精錬およびこれによる刀剣の産出の事実と関係があることはたしかである。

出雲の刀剣が朝廷に献上されたことは、出雲国造が新しくその地位に就任したとき、一族とともに上京し、天皇の御前で、神賀詞を奏上する式に、数多くの玉や鏡とともに、剣を献上する習慣があったことからもわかる。出雲の砂鉄で作った刀剣は、古くから有名であったのだろう。「かんな流し」のさい、鉄分を含んだ赤く濁った水が川に流れるのは、大蛇の血によって肥の川の水が赤くなったという話をも連想させる。

『出雲国風土記』には、大原郡斐伊郷の条に、ヒノハヤヒコという神がこの地にいましたことにより樋と名づけられたといい、地名起源説があげられているだけであるが、水野祐氏や私も論じたように、このヒノハヤヒコは、鍛冶部の奉じた火の神の名であったらしい。火の神のカグツチを、イザナギが殺したときの血から生まれたというヒハヤヒノ神や、スサノオの左足から化生《けしょう》したというヒノハヤヒノミコトなどとも、おそらく類似の神で、火の燃えあがる力の速やかであるのを讃えた神名である。

『新撰姓氏録《しんせんしょうじろく》』によると、熯之速日命《ひのはやひのみこと》は、その十二世の孫麻羅宿禰《まらのすくね》がまつっていた。麻羅《まら》・真浦《まうら》などというのは、鍛鉄《たんてつ》に関係ある名である。記紀の天石屋戸神話での鍛冶神アマツマウラまたはアマツマラが鐸《さなぎ》をつくったという話が思い浮かべられる。アマツマウラは、『古語拾遺』では、アメノマヒトツノミコトとも呼ばれ、一眼の神である。古代ギリシアの一眼の巨人キクロペスやアイルランドの一眼の巨魔バロルなどが鍛冶と結びついているように、世界的な分布を持つ鍛冶神一眼の信仰につながるものである。

『出雲国風土記』大原郡阿《あ》用郷《よのさと》で、目一《めひとつ》の鬼《おに》に、農夫が食われ、アヨアヨと叫んだという話がある。紀伊の熊野の山中に出没すると信じられた一踏鞴《ひとたたら》または一本踏鞴は、福士幸次郎氏などによると、やはりもと踏鞴すなわちフイゴを使用して鍛鉄に従事する冶金《やきん》業者たちの守り神であった雷神が、妖怪化したものであるという（『原日本考』）。出雲の目一つの鬼も同様な鍛冶神の堕落した姿なのであろう。ギリシアのキクロペスも、『オデッセイ』ではたんなる人食い鬼とされている。ヒノハヤヒコが、一眼神かどうかはわからないが、斐伊川の鍛冶部の奉じた火の神であったことは、たしかであろう。

こうして見ると、八岐大蛇の名こそ出ないが、この話に登場するスサノオやイナダヒメも『風土記』には出てきて、おまけに草薙剣ゆかりの地が鉄鍛冶に関係が深く、さらにこの川の流域には、蛇神の祭りがとくに顕著であることなどの事実から、やはりこの話の出雲出自説は、疑うことはできないであろう。大蛇の尾が刀剣を含んでいるという信仰は、古い民間信仰でもあったらしく、諸国のいくつかの口碑《こうひ》にも見える。一例をあげると『能登名跡志』によると、鵜川の滝村の伝説として、人身御供を求めた滝の主の大蛇をオオナムチが退治したが、その尾には剣があって、いつも雨雲がおおっていたと伝えられる。草薙剣が一名アメノムラクモノ剣といい、いつも雨雲がおおっていたという話と同じ観想である。龍蛇と刀剣とを結びつけるという信仰は、ヨーロッパやアジアに広く語られている。青白い刀身が龍蛇を連想させたからであろう。

しかしまたその信仰により、霊剣は水の神の象徴として、雲霧や雨水を呼びおこす呪力があるという伝承が生まれた。『里見八犬伝』の名刀村雨丸《むらさめまる》も、これを打ち振ると雨水を呼ぶし、謡曲『大仏供養《だいぶつくよう》』の悪七兵衛景清《あくしちびょうえかげきよ》の愛刀アザ丸も、打ち振ると霧がおこるのである。草薙剣が献上されて三種の神器のひとつとなり、天皇の玉璽《レガリア》となったという話は、もともと天皇家に古くから伝わっていた神宝の、鏡・剣・玉の三種のひとつを、出雲の大蛇の尾から出た神話的な剣と同一視し、その由来話として朝廷側でこの神話を結びつけたにすぎない。言いかえると、天皇の玉璽《レガリア》のひとつである剣を、出雲のスサノオの献上したものであると語ることにより、大和朝廷の出雲支配を、神話的に基礎づけたわけである。

この大蛇退治の話は、古い民譚に基づき、かならずしも出雲国ばかりでなく、スサノオ崇拝の拡布とともに、各地に運搬されたものらしく、『延喜式』を見ると、イナダヒメを祀ったらしい能登国能登郡久志伊奈太伎比咩《くしいなだきひめ》神社、山城国相楽《さがら》郡綺原坐健伊那太比売《きはらにますたけいなだひめ》神社、備後国安那郡多祁伊奈太伎佐耶布都《たけいなだきさやふつ》神社などがあり、ことに最後のものなどは、須佐能袁《すさのお》神社とならんでスサノオ、イナダヒメ、斬蛇《ざんだ》の剣の三者をまつるらしく思われる。

スサノオが大蛇を切った霊剣韓鋤剣《からさいのたち》は、『日本書紀』によると、「今、吉備の神部《かみとものべ》のもとにあり」と記される。これは『延喜式』に見える、備前赤坂郡の石上布都之魂《いそのかみふつのみたま》神社のことであるという。フツノミタマは霊剣の名である。吉備国は、スサノオ崇拝がかなりさかんであったらしいことがわかるが、同時に古来、「真金《まがね》吹く吉備《きび》」などと歌われて、製鉄もさかんであったことにも注意しなければならない。水野祐氏は、この吉備でのスサノオ伝承に注意し、大蛇退治・イナダヒメ・霊剣などを含む説話が、最初吉備からおこって鍛冶部の移動とともに、出雲に移されたという仮説を立てている（『出雲神話』）。これはおもしろい考えである。

『出雲国風土記』のスサノオ

『出雲国風土記』におけるスサノオは、記紀に描くそれより、はるかに素朴で平和的である。意宇《おう》郡安来郷《やすきのさと》では、ミコトは壁《かき》を立てめぐらし「わが御心安《みこころやす》平けくなりぬ」といったことが、安来の地名説話となっている。大原郡佐世郷《させのさと》では、佐世《させ》（ツツジ科のシャシャンボ）の葉を髪にさし、この地で踊ったが、そのとき木の葉が地上に落ちたと語り、また同郡御室《みむろ》山《やま》では、この神が御室《みむろ》（神の御座所）を作り、宿りましたと語っている。これらの伝承は東部の意宇郡から大原郡、飯石郡にかけてである。またこの神の御子神の伝承としては、イワサカヒコ、ツルギヒコ、ヤスノワカヒメなど七柱の出雲の神々の口碑が、意宇郡、島根郡、秋《あい》鹿《か》郡、大原郡、神門郡の、東部から西部にかけての、ほとんど出雲全域にわたって語られており、スサノオの崇拝は、少なくとも出雲においてはかなり広い基盤を持っていたようである。

そのもっとも重要な口碑として、飯石郡須佐郷の条に、「神須佐能袁命《かみすさのをのみこと》の詔《の》りたまひしく、この国は小さき国なれども、国処《くにどころ》なり。故《かれ》わが御名は木石に著《つ》けじ、と詔りたまひて、即《やが》て己命《おのがみこと》の御魂《みたま》を鎮め置き給ひき。然《しか》して即《やが》て大須佐田《おおすさだ》・小須佐田を定め給ひき。故《かれ》須佐といふ。即《すなは》ち正倉《みやけ》あり」と記されている。この田は須佐にあった、この神の祭りのための神田であり、この地に式内社の須佐《すさ》神社が鎮座し、その神霊を鎮めていたのである。この須佐は、この神霊の鎮めどころだというからには、その崇拝のもっとも中心であることは間違いない。その『日本書紀』の八岐大蛇退治の段の一書の伝えに、スサノオの妃クシナダヒメの親の名を、稲田《いなだ》宮主《みやぬし》簀狭之八箇耳《すさのやつみみ》といっているのは、須佐の土豪で、この神の司祭家であった須佐氏の祖先の名であろう。

スサノオの神名からスサという地名ができたのではなく、「須佐」という地名から導き出された神名だと考える人が多いが、それは一面真理であろう。スサノオは「須佐の男神」を意味する。鳥越憲三郎、井上実などの諸氏は、この飯石郡須佐の一地方神を、大和朝廷で政治的に大きくとりあげ、高天原パンテオンを荒しまわる大立者に仕立てあげたのであろうと主張しているが、しかしそれがもし本当だとしても、いったいどういう理由で山奥の小盆地の一地方神が、皇祖神の弟とされ、神話の大立者に仕立てあげられたのか、それが解明せられないかぎりは、十分な論拠とはなり得ない。

スサノオの崇拝は、けっして西部の須佐地方だけでなく、出雲の東部にもその崇拝や伝承が分布していて、かなり古い霊格であり、民間にポピュラーな霊格であったことがわかる。須佐もその鎮座地なら、前述の御室山も鎮座地である。記紀に出てくる須賀の宮も『風土記』や『延喜式』にも記され、これも重要な崇拝地であったと思われる。

紀伊の大神スサノオ

このスサノオの崇拝や神話が、出雲を大きな中心地としていたことは間違いない。しかし、それだけでは、この神が高天原の神系でこれだけ大きな存在となった理由にはならない。この神の高天原での大きな地歩は、じつは出雲ばかりでなく、当時の諸国における崇拝の広い分布と、民間信仰における人気の広さによるものと考えられる。

この神の崇拝は『延喜式』や『三代実録』を見ると、紀伊、備後、播磨、隠岐などにその神をまつる神社があったことがわかる。ことに紀伊在田《ありた》郡には須佐神社があり、名神大社《みょうじんだいしゃ》となっていて、出雲の須佐神社と同じく、古くからスサノオを祀っており、航海と船との神として知られていた。社格としては、出雲の須佐が小社とされていたのに対し、紀伊のその社の方がはるかに高かった。私はこの紀伊の須佐こそこの神の崇拝の原郷であったと思っている。この方が古い社だったからこそ、社格も高かったのである。

神話を見ると、スサノオは出雲ばかりでなく、紀伊にも関係が深く、おまけにそこでは船や海や樹木などと結びついて語られている。『日本書紀』の一書の伝えによると、この神が最初新羅《しらぎ》のソシモリにわたり、そこに御子のイタケルノ神としばらく住み、のち埴土《はにつち》で舟を造り、これに乗って東に渡り、出雲の鳥上峰《とりかみのたけ》にいったといい、またイタケルも多くの木種《こだね》（樹木の種子）を大八洲全土に植えたという。この一書では、イタケルは「有功《いさお》の神」とか「紀伊国にます大神」とか讃えられている。また別の一書では、スサノオが髯《ひげ》を抜いて散らし、杉を化生《けしょう》し、胸毛を抜いて檜《ひのき》とし、尻の毛を柀《まき》とし、眉毛を楠《くす》としたが、さらにこの杉と楠で浮宝（船）を造り、檜で宮殿を造り、柀を棺材にせよと木種を播《ま》き植えたという。そのイタケルが妹のオオヤツヒメとツマツヒメを率《ひき》い、木種を分け植えさせ、紀伊の国にわたったという。

このイタケルは、『延喜式』の、紀伊国名草郡伊太祁曽《いたきそ》神社がこれであり、妹の二女神も、それぞれ同郡の大屋都比売《おおやつひめ》神社および都麻都比売《つまつひめ》神社にまつられている。三神とも紀伊の古い樹木神である。『古事記』のオオナムチの根の堅洲国《かたすくに》訪問に見える、紀伊国の大屋毘《おおやび》古《こ》とは、この神の異名である。紀伊国は、古くから「木《き》（紀）の国」すなわち樹木の生産で知られ、また海人《あま》族の根拠地であった。この紀伊半島沿岸の海人たちは、この木材で遠洋航海用の浮宝を造り、これで中国や朝鮮まで押しわたって貿易したり、大和朝廷の外交や軍事に利用されたり、また遠洋漁業を行なったりして、五、六世紀ごろにさかんに活躍をしていた。

スサノオは、もともとこのような紀伊の海人たちの奉じる神であり、海や船にも関係深く、また船材としての樹木の神でもあった。この神が海を支配せよと命じられたとか、韓土にわたったとかいう話はみなこの神を奉じる紀伊の海人（三保海人《みほあま》、加太《かだ》海人、熊野海人など）らが、朝鮮沿岸にまでも活躍したことをあらわしている。この神がもし出雲の山奥の盆地の一農神にすぎないのなら、神話におけるこうした海や船との結びつきは解釈できない。元来は海にこそゆかり深い神であった。

スサノオと根の国

ハヤスサノオの内性ははなはだ複雑であるが、この神の顕著な特性のひとつは、根の国との結びつきである。この神は生まれたとき激しく泣き叫ぶので、父神から根の国にいけと命じられたり、高天原を追放されたとき、神々から根の国に追放されたり、また樹木の種を播いた後、熊成峰《くまなりのたけ》から根の国に渡ったりしている。またオオナムチがかれに会うために、訪れる国も根の国であった。

根の国とは、根の堅洲国《かたすくに》とも、根の国・底《そこ》の国とも呼ばれ、地下にある暗黒の死者の世界であるとされ、一般には黄泉《よみ》の国と同じものとされている。『道饗祭祝詞《みちあえのまつりののりと》』では、まさにそうである。しかし、柳田国男氏などの研究（『海上の道』）によると、もっと古くは海のかなたにあると信じられた、死霊のいく他界であったらしい。ここには神々も先祖の霊魂も住んでいて、そこから時を定めて、国土を訪れる神の信仰があった。根の国のネという語は、生命の根源という意味で、ここは死霊ばかりでなく、あらゆる生命の源泉地でもあると考えていたらしい。

このネの国と語源的にも文化的にも同系と考えられるものに、沖縄のニライカナイ、ニルヤ、ネンヤ、ニラ、ニイル、儀来などと呼ばれる、海上楽土の信仰がある。ここは稲や火や、あらゆる生命や豊饒《みのり》の源泉でもあり、また古い祖霊の住む国でもあった。稲の大祭である穂利祭《プーリー》などで、このニライ、ニルヤから、舟に乗って訪れ、国土に稔《みの》りをもたらし、また若者たちを一人前の男に仕上げるための成年式《イニシエーション》を施して、再び帰っていくニイル人とかマヤの神などといった神の信仰と行事があったことは、折口信夫氏の先駆的研究（『古代研究』国文学篇）以来、いろいろ沖縄研究の学者によって解明、調査されている。

日本古代でも、このような海上他界から時を定めて来訪するマレビト神の信仰行事があり、その神は豊饒を地にもたらし、また若者たちに成年式を施していった徴証があることは、折口信夫氏の研究にくわしい。この死霊の国という観念は、地下の根の国・底の国というかたちとなり、黄泉国《よみのくに》と完全に同一視されたが、他方の生命の源泉地という観念は、海上の神仙の住む島、不老不死の国とされ、中国の蓬萊山《ほうらい》の信仰と混同され、「常世《とこよ》の国」となって残ったのである。こうした海上他界の信仰は、日本ではおそらく海人族の伝えたものであろう。沖縄や奄美などでも、古くは海人が住んでいたところであったらしい。

海のかなたに死霊・祖霊が住み、また神霊が住んでいるという、海上他界の信仰は、マレイ半島のサカイ、ジャクン族、メンタウェイ、ニコバル、ボルネオ、ワツベラ、ケイ、チモールラウト、サヴ、ロティ、レティ、ケイサル、メラネシアのソロモン、ニューカレドニア、ニューギニア、ポリネシア、オーストラリア東南部などの、東南アジアからオセアニアにかけて、広がっている信仰である。

これについては、R・モス、棚瀬《たなせ》襄爾《じょうじ》、大林太良などの諸氏が研究しているし、また私なども、これと古代日本との関係や、また信仰の中に含まれている太陽信仰や、舟葬などの風習を論じたことがある（棚瀬襄爾『他界観念の原始形態』。大林太良『葬制の起源』。松前『日本神話の新研究』『日本神話と古代生活』）。

また沖縄のニイル人や、日本のマレビトと同じように、仮面、仮装をした精霊ないし祖霊が舟に乗って海上からあらわれ、稔りをもたらし、少年たちにはげしい入門式《イニシエーション》の苦行《オーデヤル》を施す秘儀的な祭りも、メラネシア、ニューギニアなどに多く、ニューブリテン島のドクドクなどは有名である。これについては、岡正雄氏が、日本や沖縄との比較を行ない、その類似性を指摘し、同一系の文化の産物であるとしている（石田英一郎・岡正雄・江上波夫・八幡一郎『日本民族の起源』）。

スサノオも、おそらくもともと紀伊の沿岸地方一帯の海人たちが信じていた、海のかなたの根の国から来訪するマレビト神であったろう。かれは舟に乗り、樹木などの種子を積み、海上からあらわれ、若者に成年式を施し、田畑に稔りをもたらす神であったのであろう。やがてその神は、土地の名をとってスサノオと呼ばれるようになったと考えられる。

かれがマレビトである特性としては、『日本書紀』一書の伝えに、高天原追放にあたって霖雨《ながあめ》がつづき、ミコトは青草を結び束ねてミノ・カサとし、宿を諸神に乞うたが、神々はこれを拒絶したという話にもあらわれる。ミノ・カサをつける姿は、祭りに臨む神の姿である。古代のマレビトの行事の崩れだとされている秋田のナマハゲや山形のカセドリなどの小正月の訪問行事で、ミノをつける姿や、石垣島の祭りで、蒲葵《くば》の葉のミノ・カサで顔や姿を隠して家々を訪れるマヤ・トモマヤの神の姿など、後世の民俗にも残っている。スサノオが宿を乞う話も、同じく祭りに臨む神の姿である。

『古事記』を見ると、高天原を下る途中例のオオゲツヒメに食を乞い、この女神の接待のしかたが不浄だとして、これを斬り殺すのである。これも祭りの思想から出ている。マレビト神を迎えるにあたって、無礼な接待、不浄な饗応しかしなかった斎女が、神の怒りによって死ぬ話である。もちろんこの中に含まれる「女神の死体から五穀が生える説話」は、東南アジアなどにある「ハイヌウエレ型」であり、農耕起源の神話であることは、大林太良氏（『稲作の神話』）をはじめ、幾多の学者が論じたところである。

『備後国風土記逸文』における、蘇民将来《そみんしょうらい》の話では、武塔神《むとうのかみ》が蘇民将来・巨旦《こたん》将来の兄弟の家に宿を乞うたが、富める弟の巨旦は拒絶し、貧しい兄の蘇民が喜んでこれをもてなしたところ、弟は罰せられ、兄は嘉《よみ》せられ、疫病よけの茅《ち》の輪を授かるのであるが、この神は「われはハヤスサノオなり」と名のっている。『常陸国風土記』の富士《ふじ》・筑波《つくば》の話と同じく、古代の祭りに臨むマレビト神に対する司祭者の心構えを説いた物語である。スサノオは、このような当時の民間信仰から出た説話に、ひっぱり出されているのは、かれが民間において大きな人気者であった証拠である。

熊野海人の活動と熊野大神

紀伊の海人の中でも、南紀の熊野海人らは、とくに古くから「熊野諸手船《くまのもろたぶね》」（紀）とか「熊野船《くまのぶね》」（万葉）などという遠洋漁業用の船をもって、しばしば漁業、対外交易、殖民なども行ない、熊野大神（ケツミコ大神。同じく樹木神）や、イタケル、スサノオなどの崇拝を、各地に分散させたものらしい。後世まで加太浦、三保浦、雑賀崎《さいかざき》、太地浦《たいじのうら》などは、特色ある漁村集落である。

ここで、この紀伊と出雲との古代の交渉関係を考えなければならない。紀伊と出雲とは、須佐神社ばかりでなく、出雲意宇郡の熊野大社（式内熊野坐神社《くまのにます》）と紀伊牟婁《むろ》郡の熊野本宮大社（式内熊野坐神社）の、ふたつの熊野大神、出雲大原郡加多《かた》神社と紀伊名草郡加太神社、出雲意宇郡の速玉《はやたま》神社と紀伊牟婁郡熊野早玉神社など、数多くの共通する名が、『延喜式』に記されている。また双方に共通の地名も多い。神話においても、イザナミの神陵が出雲と紀伊の両方にあるとか、オオナムチのいったスサノオの根の国が、出雲と紀伊の二国とも結びついて語られているとか、この両地方の内的関連をあらわしている話が多い。本居宣長などは、これを同一文化圏にあったものと考えたようであり（『古事記伝』）、宮地直一氏などは出雲から紀伊に、古代の出雲人たちが移住したことに基づくと考えた（『熊野三山の史的研究』）。

しかし、私はこれら熊野大神、スサノオなどの崇拝は、逆に紀伊から海人によって出雲に運ばれたものと考えているのである。『延喜式』を見ると、紀伊と出雲の両国に同じ社があるものは、熊野大社だけは例外として、他はみな出雲のそれが小社、紀伊のそれは名神大社となっていて、本家が紀伊であったことは明らかである。『伊予国風土記逸文』に、昔、熊《くま》野《の》という名の船が石に化したので、その地を名づけて熊野というと記され、伊予国野間《のま》郡熊野峰《のみね》の地名の由来となっている。熊野という名の神社は、『延喜式』を見ると、紀伊と出雲の熊野坐神社（熊野大社）の他に、近江、越中、丹後などにもあった。これらはみな古代の紀伊海人や熊野海人の活動によるものであろう。現在でも、北九州の漁村集落などは「熊野」を苗字とする家が多い。

出雲の熊野大社は前にも述べたようにクシミケヌという祭神をまつり、出雲国造の氏神であった。『出雲国風土記』や「出雲国造神賀詞」などの出雲側の伝承では「イザナギの愛子《まなご》」と呼び、極力スサノオとの同一視につとめていて、現在でもスサノオの別名だと考えている。紀伊の熊野本宮大社の祭神は、ケツミコであり、やはりスサノオと同一視している。出雲と紀伊の熊野大神は、古くから同体と信じられ、平安時代にはしばしば同じ日に神階が授けられている。

スサノオの崇拝も、やはり熊野大神のそれとともに、紀伊の海人らの手で、出雲に運ばれ、出雲の意宇《おう》郡の安来《やすき》、御室《みむろ》山、須賀《すが》などを根拠地とし、また数多くの土着の神々の崇拝と結びつき、これらを包摂して御子神としたり、またその根拠地の重要なものとして、大原郡の須佐をその御名代の地と定めたのであろう。山奥の須佐を拠点と定めたのは、最後の段階であって、その原像ではない。

かれが高天原神話の中で、アマテラスを病気に患《わずら》わせて、岩隠れ（死）させるのも、天つ罪をおかして根の国に追放されるのも、もともとかれが紀伊や出雲において、根の国の天神とされていたからである。驚天動地の号泣も、天地をゆるがす「荒び」も、高木敏雄氏が論じた（『比較神話学』）ような暴風雨神だからではなく、海のかなたの根の国から来訪するマレビトだったからである。マレビトはその接待が悪いと暴風雨をおこし荒れまわるし、また悪い疫病をはやらせ多くの人々を殺すが、十分にこれを迎え祭ると、地に豊かな稔りをもたらすのである。大和朝廷側としては、その民間の信仰的勢力がなみでなく脅威に感じたから、神聖な高天原の秩序を破壊する邪霊の元祖《がんそ》と同一視してしまったわけである。

須佐氏族の出雲進出

紀伊の海人によって出雲に運ばれたスサノオの崇拝は、まず安来《やすき》などの東部から広まり、大原郡、飯石郡と、しだいに西部に進出し、それにしたがい海洋性を失い、山奥の農神らしい内性となったものらしい。飯石郡にいたって、クシナダヒメなどの農耕女神の崇拝と習合し、これと結婚して大蛇を退治する英雄とまつりあげられたのであろう。

水野祐氏などは、この神を奉じた集団を、朝鮮系の渡来者集団であり、また韓鍛冶《からかぬち》部《べ》族でもあり、シャマニックな巫覡《ふげき》集団でもあると述べている（『出雲神話』）が、私も前著で、ほぼ同様の考えを詳述した（『日本神話の形成』）。スサノオの蕃神《ばんしん》らしい要素としては、新羅《しらぎ》のソシモリに渡った話とか、朝鮮の古地名らしき熊成峰《くまなりのたけ》（任那《みまな》の熊川《くまなり》、百済の熊津《くまなり》）から根の国に渡った話、また前述の『備後国風土記逸文』に見える、大陸系の武塔神《むとうのかみ》と同一視されている話、またスサノオが大蛇を殺した剣を、蛇《へみ》の韓鋤剣《からさいのたち》と呼び、大陸製の刀剣らしいことなど、みなスサノオのそうした内性を物語っている。

紀伊海人は、南の熊野海人をも加えて、四世紀末から六世紀にかけて、さかんに大陸と交流を行なったらしい。豪族紀国造一族の奉斎神がイタケル以下三柱の樹木神であるが、紀氏は、五、六世紀ごろの対韓交渉にしばしば主役をつとめたらしいことが『日本書紀』に見えるから、イタケル以下の三神およびスサノオが、新羅までわたったという伝承は、紀氏の率いる海人らの活動を神話的に表現したものであろう（三品彰英『日本書紀朝鮮関係記事考証』上巻）。

紀伊海人が、しばしば韓土へ渡航し、韓人と交流を深め、韓海人部《からあまべ》などの韓人系海人をも加えることによって、スサノオはしだいに大陸系のシャマニズム風の要素を加え、やがて海のはてから時を定めて来訪する南方的な豊饒神から、鉄剣韓鋤剣を帯び、颯爽《さっそう》と出雲の鳥上峰《とりかみのたけ》に天降る、北方的な英雄神へと相貌《そうぼう》を変えていった。紀伊の海人は、もともと一種の漁撈民にすぎなかったが、北方系文化に触れることによって、鍛冶部《かぬちべ》を持ったのであろう。かれらは砂鉄を精錬して、刀剣を製作するに及んで、強力な戦士団と化していった。かれらは砂鉄を吉備地方に求め、その地方にあるスサノオの社（備後の式内須佐能袁《すさのお》神社）などの建設者でもあったが、究極《きゅうきょく》の目的として、砂鉄の産地である出雲の飯梨川《いいなし》、意宇川《おう》、斐伊川《ひい》などに進出し、刀剣類を確保しようとしたのではあるまいか。かれらがしだいに内部の山間地帯に入りこみ、先住の高志人《こし》や、幾多の山民や農民層の集落を征服・支配していき、その首長は須佐氏族を名のって、この神を奉じたのであろう。

須佐氏族の進出の背後にも、中央の物部大連氏のバックアップがあったのではないか。物部氏が五、六世紀ごろ朝廷の軍事氏族として、その軍団モノノフを率い、霊剣フツノミタマと、その神格化であるフツヌシノ神を奉じ、各地を征討し、フツ神社や物部神社を建て、また出雲では出雲国造家を後押しして、その出雲統一を促進させたらしいことは、前に述べたとおりである。

スサノオが八岐大蛇を斬った剣の韓鋤も、『日本書紀』によれば、フツノミタマの剣を神体とする、物部氏の氏神、大和の石上《いそのかみ》神宮に納められたと記され、また『日本書紀』の別の一書の伝えには、吉備の神部《かみともべ》にありとも記される。吉備の神部とは、備前の赤坂郡の式内石《いその》上布都之魂《かみふつのみたま》神社がこれであろうといわれている。いずれが正伝であるかはわからないが、ともかくこの剣の別名がフツノミタマであったことはたしかである。言いかえれば、スサノオの帯びた剣は、物部氏の霊剣であったことになる。『旧事本紀』を見ると、スサノオの祭祀に関係あると思われる須佐連《すさのむらじ》の家は、ニギハヤヒの十一世の孫の物部真椋公《もののべのまくらのきみ》の子孫といわれ、巫部連《かむなぎべのむらじ》と同祖で、物部の一族とされている。『新撰姓氏録』によると、物部真椋大連《まくらおおむらじ》は、雄略の御代、巫覡《ふげき》団を率いて帝の病気を癒したと伝えられる。須佐連はこの巫覡団の元祖を祖先としているのであるから、もともとその出身であろうが、物部氏の同族とされていることに注意しなければならない。

　物部の一族といっても、全部が中央の物部大連氏と血縁的に同祖であるかどうかは疑問であろう。物部氏は、かつて宮廷の軍事・警察ばかりでなく、大嘗祭や鎮魂祭などにおいて呪術祭祀の機能をも持っていたから、少なくとも、ある時期において須佐氏一族がその配下となっていたという、統属関係があって、それが後に同族の系譜の中に組み入れられたのかもしれない。この須佐氏族は、東部の出雲国造家の進出によって、しだいに衰えていったのであろう。物部氏を頭《かしら》と戴《いただ》いてのにらみであったのが、中央物部氏の没落とともにその七光りもやがて色あせてしまったのであろう。

出雲の他界信仰の変遷

出雲の他界信仰は、その原初のかたちでは、海上他界としての根の国や常世《とこよ》の国であったことは、はっきりしている。スサノオの根の国にせよ、スクナヒコナの常世の国にせよ、『日本書紀』の伝えでは、海原のはてにあって、船でいくところのように語られている。これはしばしば黄泉の国とも同一視されたが出雲人にとっては、いずれも地下の世界というより、海洋と結びつけて考えられることが多かったのである。これは海人たちの信仰文化であった。

『出雲国風土記』出雲郡宇賀郷《うかのさと》の条に見える、脳磯《なずきのいそ》の西にある岩屋戸《いわやど》（洞窟）は、奥行は深く、人が入ることを得ず、夢にこの窟の近辺にいたるものがあれば、その人はかならず死ぬと伝え、土地の人がこれを「黄泉の坂・黄泉の穴」と名づけたという。これは現在平田市の西北の猪目《いのめ》にある海岸洞窟で、ここからは先年多数の人骨・土器・木器・貝輪などが出ている。弥生時代から古墳時代にかけてのもので、ここは古い葬地であったものらしい。大社町には、この出土品収蔵庫がある。夢に見ると死ぬという伝えは、古代人は夢をその霊魂の遊行の体験だと考えたから、その霊魂がその他界への入口に到ったら、落ちこんだまま救《たす》からぬと信じたわけである。

同じ島根半島でも、東部のサルガ鼻洞窟にも縄文後期の人骨がたくさん出土し、埋葬遺跡である。加賀《かか》の旧潜戸《くけど》なども、後には仏教化した賽《さい》の河原《かわら》となっているが、もとはやはり海う。

岸葬地であろう。鹿島町古浦の海岸砂丘の弥生時代の葬地も同様である。今は弓ケ浜とい長い岬となっているが、かつては島であった「夜見島」や、大根島などの名も、折口信夫氏

の説くように、海上他界の信仰の名残りであろう。こうした海上他界の信仰と海岸の葬法と

は結びついていたと考えてよかろう。これらは海人の抱いた水平的世界観によるものであろう

　スサノオのいった根の国も、最初は『日本書紀』に見えるような海洋的な他界であったのであろうが、この神を奉じる須佐族が、山奥の方に移動するに従って、海洋性を喪失し、『古事記』のオオナムチの訪問譚に見えるような、黄泉平坂《よもつひらさか》を隔てて現世と対立する、黄泉の国となっていったのであろう。しかし、この根の国は、イザナミのいった陰惨で、死臭の満ちた、暗黒の黄泉の国とは、かなり異なっている。八田間《やたま》の大室《おおむろや》のような大きな宮殿があり、スセリヒメのような美姫がいて、現世と少しも変わらぬ明るい世界である。こうした相違については、私は両説話を背景とした世界観の相違によるものであろうと考えている。

　イザナミの黄泉の国の陰惨で恐怖に満ちているのは、当時七、八世紀のころからぼちぼち畿内を中心におこってきた怨霊《おんりょう》・御霊《ごりょう》の信仰に基づくものである。イザナミの死体からたくさんの雷神が生まれ、恐ろしい形相《ぎょうそう》で追跡するという思想は、例の井上内親王や菅原道真などの怨霊が雷神に化した話と似ている。しかし、スサノオ・オオナムチの根の国は、まだそうした影響がない素朴な他界であった。そこには、生大刀《いくたち》・生弓矢《いくゆみや》のような起死回生の呪宝や、蛇の比礼《ひれ》などの害虫を追いはらう呪物も用意されてあった。オオナムチは、スサノオに

よってこれらの呪具を根の国からもらいうけて帰るのである。ここは巫覡らの呪力の根源地だと信じられていた。

しかし、それにしても、この根の国の大室に眠るスサノオの姿は、頭に呉公《むかで》のわだかまる恐ろしい巨人のそれである。その髪の毛をひとつひとつ垂木《たるき》に結びつけて、オオナムチは逃げ出すのであるが、目を覚ました神は家ごと引きたおしてしまうのである。当時の出雲の人たちは、根の国の大神をそのような恐ろしい巨人として考えていたのであろう。

5　オオナムチの神話

オオナムチの異名

スサノオは前述したように、出雲固有の神ではなく、紀伊方面から渡来した、いわば外《と》つ国の神であるのに対し、オオナムチは、それこそ生粋の「出雲っ子」であった。この神話の崇拝の中心が杵築《きづき》の出雲大社であり、これを祀ったのが、アメノホヒを祖先とする出雲国《くにの》造《みやつこ》家であることは前に述べた。

『出雲国風土記』では、この神は一般に「天《あめ》の下造らしし大神《おおがみ》」という称号を冠せられ、偉大な国造りの神として崇拝せられ、そのゆかりの伝承は、東は意宇《おう》郡から西は出雲郡、神門郡にいたるまで、ほとんど出雲の全域にわたって語られている。よほど古い霊格であるらしい。この神の名は、また多様に表記され、また数々の異名があった。オオナモチ、オオナムチ、オオアナムチ、オオアナモチなどの呼びかたのほかに、オオクニヌシ、アシハラノシコオ、ヤチホコノカミ、ウツシクニダマノカミ、オオクニダマなどの異名があり、これらは記紀にも出ているばかりでなく『播磨国風土記』や『万葉集』などにも登場している。

『日本書紀』の一書の伝えでは、大和の三輪《みわ》のオオモノヌシも、その神の異名、もしくはその奇魂《くしみたま》幸魂《さきみたま》、すなわち霊魂のひとつの名とされている。オオナムチは、このようにさまざまな呼称を持つが、どれとも定まっていない。「大きな名の持ち主」「大きな穴の主」「大きな地《な》の主」「大地の貴い神」などの解釈がなされた。オオクニヌシは、『古事記』『新撰姓氏録』などの呼び名であるが、「偉大な国土の主《ぬし》」を意味している。オオクニダマは、もともと国土の神霊であるクニダマを統率した偉大な神格を意味し、これが出雲国のクニダマの代表であるオオナムチの別名となったのである。『延喜式』を見ると、大和、山城、伊勢、尾張、武蔵、その他全国各地に大国魂《おおくにだま》神社があったが、もともと出雲のオオナムチとは無縁の、その国の神霊であった。

ウツシクニダマノ神とは、「顕《うつ》し身の国魂の神」ということで、こうした国魂の化身として、国土を支配する祭司王、言いかえれば、国造自身をあらわす語であると考えられる。八《や》千矛《ちほこ》の神とは、数多くの矛をあらわす名で、一種の武神をあらわす名であろう。これらの多くの異名の中には、もともと別の神格であったものが、後世習合されて、同一神と見なされたものであろう。オオモノヌシなどはまさにそうであるが、また『播磨国風土記』の伊和《いわ》の大神なども、そうであろう。

この神の御子神の数が『日本書紀』によると、一八一柱であるというのは、出雲国だけのではなく、前に述べたような、オオナムチ信仰圏に包摂された畿内や東国までの広い地域の眷属神を含んでいるのであろう。『風土記』では、フツヌシ、ヤマシロヒコ、アダカヤヌシタギキヒメ、ミホススミ、アジスキタカヒコの五神である。それはともかくとして、オオナムチ、オオクニヌシ、オオクニダマなどの名が、みな「土地」「国土」の主《ぬし》としての意味を持っているらしいことは、注意を要する。

私はこれらの名が、『古語拾遺』に見える大地主神《おおつちぬしのかみ》、後世の仏寺などに祀られる地主神《じしゅじん》、屋敷や田畑に祀られる地主《じぬし》様などと同様の、土地の古い先住者としての神をあらわす名であったろうと考えている。オオナムチの系譜については、『出雲国風土記』では、まったくふれられず、記紀では、スサノオの子とか六世の孫とか一定していない。スサノオの子なら、スサノオがアマテラスの弟だから天つ神系だとすべきであろうが、事実は、記紀でも『新撰姓氏録』でも、『令義解《りょうのぎげ》』でも、これを、国つ神に属せしめている。国譲りの神話では、この神は賀茂の神、諏訪の神などの国つ神の統領として、国土を天つ神に献上している。

国つ神とは、一般にその土地に古くから崇祀されている神で、後世に新しく入ってきた皇室系の神々や中央貴族の神々よりも、その国土に対する結びつきが古く、かつ強固である場合に、しばしばその名で呼ばれる。オオナムチの名も、出雲国において、比較的新しく到来してきたフツヌシ、アメノホヒ、スサノオ、熊野の大神クシミケヌなどの天つ神系の神々の崇拝以前から「偉大な地主神」として崇拝されていた神であることを示している。

中世の縁起物に見える地主神・地主権現は、日吉《ひえ》や清水《きよみず》などで見るように、一般にその土地に先住の古い霊格で、のちに威徳のある大神や仏菩薩の到来とともに、その眷属神とされ、その末社・摂社として斎《いわ》いこめられている場合が多い。外来の大神と争って敗れ、服従を誓ってその部下となるという地主の神は、阿蘇神社の鬼八法師、諏訪神社の手長《てなが》・足長《あしなが》明神、八幡宮の大人弥五郎《おおひとやごろう》などが名高い。オオナムチ一族が天つ神族の到来によって、国譲りを行ない、恭順を誓って、ながく皇室の守り神となるという話も、これに似たかたちである。オオナムチが皇室統治以前の日本国土の総地主神として、神代史上に引き出されたのも、もともと国土の神であったからであろう。

オオナムチの人間性

オオナムチの内性は複雑多岐であるが、記紀および風土記に共通して言えることは、高天原の天つ神族に比べて、ひどく地上的・人間的なことである。ことに『古事記』に見える、この神の若年のときの数々の厄難、また数多くの愛の遍歴、また葦原の中つ国の支配者となることなど、かれが神というより、一個の人間的英雄であることを示している。隠退して、国土を皇孫に献上し、皇孫が顕《うつ》し世を治め、己れは幽界《かくりよ》を治めることになったということも、オオナムチが王者として活躍したことを信じた古代人の思想をあらわしている。

オオナムチは、アマテラス、スサノオ、タケミカズチ、などのような超自然的な生まれかたもせず、天上から降下する話もない。その最期も人間的である。現実の出雲の国土に生まれ、人間的な冒険や恋をし、地上の宮居に住み、国作りを行なったり、各地をめぐって稲種を播布したり、稲を積んだり、鋤をとって土地をきり開き、国作りを行なったり、各地をめぐって稲種を播布したり、稲を積んだり、稲を臼でついたりしているが、また『日本書紀』では、民間のあらゆる医療・禁厭《まじない》の法などの制定者・伝授者として語られている。要するに神話学的にいえば、けっして「神」のカテゴリーに入るべき存在ではなく、「文化英雄《カルチュアヒーロー》」のそれに入るべき存在である（オオナムチ、オオクニヌシが、古い土地神としての地主神の性格を帯びていることは、前に述べた）。フォークロアの語る屋敷神の中に、地主神、ジノシサマ、地の神などというのがある。これは敷地を占め、建物を建て、または原野を開墾するときなどに、祀られる神であるが、多くはその土地を開拓した人物であり、死後土地の守り神として、海の石を神体としたり、石の祠《ほこら》に祀られたり、小石を積みあげたりして、屋敷内の隅や田畑の中などに祀られる。よく祟《たた》る神であって、死霊的要素が濃いが、それだけに人間的色彩が強い。オオナムチが、開拓神らしい要素を持つことや人格的色彩が強いこと、また『日本書紀』の垂仁《すいにん》紀に見えるように、しばしば祟りをする神であること、また石神として祀られていることなど、みな後世の地主神に似ていることに注意すべきである。

しかし、このようなオオナムチの豊かな人間性は、この神がかつて一個の実在人物であったことを意味するものではない。後にも述べるように、この神の人間的なイメージは、出雲地方にいた幾多の祭司王・巫覡《ふげき》王の重ね写真であり、その持つ生大刀《いくたち》・生弓矢《いくゆみや》・天詔琴《あめののりごと》などは、その持つ呪具であり、玉璽《レガリア》である。素朴な自然神であったオオナムチに後世これを祭る司祭者のイメージが、投影したのである。

オオナムチの原像

記紀には英雄王としての色彩が顕著であるが、現地の『出雲国風土記』や、またその崇拝の及んだ『播磨国風土記』でのオオナムチには、よく見ると、諸処においてその原始的内性が窺われるのである。オオナムチは、その相棒のスクナヒコナとともに、各地を巡行し、稲種をまき散らしたり、稲積みを置いたり、稲俵を積んだり、モミを臼でついたり、飯を盛ったりしている。みな農耕や稲米《いなごめ》と関係がある。

この二神が、各地をめぐって稲種や稲積みを置いたことは、彼はギリシアのトリプトレモスのような、農耕を人間に教え授けた英雄であるように見える。後世にも、この神は大黒様と呼ばれ、田の神と同一視されている。『播磨国風土記』神前郡《かむざき》の条で、昔、オオナムチとスクナヒコナとが争いをし、オオナムチが大便をせずに堪え、スクナヒコナが土をになって、遠くにいくことを競争し、オオナムチが途中でこらえきれず、大便をし、次にスクナヒコナも堪え切れず、土を岡に投げすてた。その岡をハニ岡、糞便がはじけたところを、ハジカ村と名づけたという。こんな話は、糞便や土がこの二神と結びついていることを、素朴にあらわしている。

この二神、とくにオオナムチが、『出雲国風土記』で「五百津《いほつ》鉏鉏《すきすき》なほ取り取らして」国作りをしたという話は、たくさんの鋤で田畑を開墾するように、国土を作り堅めたというのである。これにも農耕神的内性が窺われる。この二神の国作りは『万葉集』などでは、国土の創造――といってもイザナギ・イザナミの国生みのような宇宙的な創造ではなく、もっと限定された山や丘などの創造や命名――という形をとっている。

おほなむち　少名御神《すくなみかみ》の　作らしし　妹背《いもせ》の山を　見らくしよしも（巻七）

おほなむち　少彦名《すくなひこな》の　神こそは　名づけそめけめ　名のみを　名児山《なごやま》と負ひて……下略（巻六）

これは後世出雲巫覡《ふげき》らによって、この崇拝が諸国に拡布したとき、開拓神、農耕神的内性から、このような創造的神格にまで高められたのであろう。この二神の原初的な内性に、石神的性格がある。『延喜式』にいう、能登国羽咋《はくい》郡の大穴持像石《おおなもちかたいし》神社、および同国能登郡の宿那彦神像石《すくなひこかみかたいし》神社などの名も、こうした信仰をあらわしている。『文徳実録《もんとくじつろく》』の中に常陸国の大洗磯前神社の由来として、オオナモチスクナヒコナと名のる神が、海岸で塩をとる翁の前に寄り石のかたちで示現し、人に憑《の》り移って託宣したという話も、この神と石との結びつきをあらわしている。『万葉集』にも、

おほなむち　すくなひこなの　いましけむ　志都《しづ》の石窟《いはや》は　幾代《いくよ》経《へ》ぬらむ（巻三）

の歌があって、石見国邑知《おうち》郡の山中の岩窟のことらしいが、これも多分岩神なのであろう。このような岩窟や石と結びついているのは、この神が農神としての要素を持っていることとも関係しており、もともと「大地」と結びついた霊格であったことに起因するのであろう。前に述べたように、オオナムチ、オオクニヌシ、オオクニダマなどの名は、いずれも国土そのものの精霊であることをあらわしている。大地と結びついているからこそ、生産や豊

饒とも関係し、また洞穴や岩石とも関係するのであろう。

大地との結びつき、またこの創造活動をあらわす国作りの神という観念から、転じて、火山の噴火や地震による造山活動、火山島の出現などの自然現象も、この神の神徳に帰せられることになる。『続日本紀《しょくにほんぎ》』天平神護二年（七六六）の条に、「大隅国《おおすみ》、神造の新島、震動息《やす》まず。故をもって民多く流亡す。」と記されている、南九州大隅の神造島《かみつくりじま》は、同書の宝亀九年（七七八）十二月の条には、オオナモチノ神と名づけられ、官社が建てられている。

益田勝実氏などは、この神の原像を火山神であると考えた（『火山列島の思想』）が、この神の原郷の出雲の西部平野には、火山はあまり見当たらない。またこの神が火を吐いたなどという神話もない。『伊予国風土記逸文』に見える、伊予温泉（道後）の由来話としての、オオナムチとスクナヒコナの伝説は、オオナムチが火山神であったことによるのではなく、かれがもともと大地にゆかりのある霊格であることや、また後にも述べるように、巫医《ふい》神としての内性を持つことに起因するのである。火山や温泉との結びつきは、第二次的なものであろう。

山の女神のオオナムチ

ところが、フォークロアでは、大汝《おおなむち》という名は、まったく意外な方面から出てくる。狩の神、動物の主《ぬし》、山の神の名である。しかもそれが男神でなく、じつは女神なのである。またこの女神を助けて、その恩寵《おんちょう》を受けたという狩人の名となっていることもある。

駿河《するが》、遠江《とおとうみ》、三河《みかわ》などでは山の神、狩の神を、シャチナンジといい、またこの出産を助けたという伝えのある、昔の狩人の名も、大ナンジ・小ナンジ、大ナジン・小ナジン、大汝・小汝などという兄弟であったと語られている。東京国立博物館にある『馬医草紙《ばいそうし》』という文永四年（一二六七）の奥書のある絵巻にも、馬の守護神として崇拝された、巫女姿《みこすがた》の女神像が画かれ、「大汝」と記されている。

また『東大寺戒壇院神名帳』や『上野《こうずけ》国神名帳』などに、大汝《おおなむち》明神・小汝明神とか大奈知《おおなち》明神・小奈知《こなち》明神などの神名が載せられていたり、関東各地の山の神社に、オオナムチを祭神とする例が多いことは、神代史上のオオナムチというよりは、古くからの山の女神の大汝《おおなんじ》であったのだろう。これらも、もともとは「大地」の生成力の神格化なのであろう。堀田吉雄氏も説くように（『山の神信仰の研究』）、日本の山の神は、本来山の鳥獣虫魚から一木一草にいたるまでの、いっさいの生物の繁殖を掌《つかさど》る生成母神であった。

この女神は一般に色好みで若い狩人やきこりなどを好み、また狼、山犬、兎、イタチ、蛇、鳥、雉などを使者とし、また熊、鹿、猪などの狩の獲物を授けてくれる存在であり、また樹木の生成繁殖をも掌る神でもある。この山の女神と、このお産を助けた狩人の名とが、同じ大ナンジであるというのは、不思議であるが、もともと母神の名であったこの名が、これに仕える狩人の名にも転用されたのであろう。

私はこの山の女神と、オリエントやヨーロッパなどの古代世界に見える、イシュタル、ハトル、キベレ、アルテミスなどの大母神が、いずれも野獣を従え、また若い狩人を愛人、または夫としていることの相似を指摘したことがある（『日本神話の形成』）。

日本の古典のオオナムチは、典型的男神であるが、その説話を見ると、かつての母神崇拝の痕跡が随所に見えつ隠れつしている。オオナムチは八十神によって迫害され、しばしば殺されるが、御祖命《みおやのみこと》（母の神）によって蘇生させられ、また生成の母神カミムスビの子のキサガイ、ウムガイの二人の貝の女神によって復活させられる。またこの神は、一面に狩人の内性を持ち、『出雲国風土記』意宇郡宍道郷《ししじのさと》の条に、猪を追う話がある。また『古事記』では、八十神にだまされ、赤熱《しゃくねつ》した岩を、赤い猪だと思って、これを捕え、焼死するのである。

この若いオオナムチが、猪によって死ぬことは、古代のオリエントやヨーロッパの母神にともなう若い男神（多く狩人）が、いずれも野猪に殺されるのと、奇しくも一致するのである。母神キベレの子のアッティス、アフロディテの愛人アドニス、イシュタルの愛人タンムーズ、イシスの夫のオシリスなど、みな猪に殺され、また復活する存在であった。またJ・G・フレーザーが、かつてこれらの若い復活神は、植物の季節ごとの栄落を象徴し、一死一生する植物の精霊、もしくは毎年鎌で刈られ、殺され、播種と発芽によって、毎年死と復活を繰りかえす穀霊であるとしたのは著名である。しかし、それならなぜ、かれらが狩人であるのか、またその祭りが犠牲《いけにえ》を屠《ほふ》る血なまぐさい行事であるのか謎である。これらの若い神々は、けっして植物の精霊らしいよそおいをしていない。ときとしてオリオン、アクタイオンなどの若い狩人が、母神の配偶として登場し、殺されることもある。M・P・ニルソンなども述べているように、これらの母神は、もと「動物の主《ぬし》」であり、万物の繁殖を掌る自然の女神であって、それにともなう男神はこの眷属神であり、またこれに仕える狩人の神格化であろう。

オオナムチの名も、もともと彼自身の母としての繁殖母神の名であって、それが後に狩人仲間の元祖の英雄の名となり、また後に農耕文化に浴して、開拓神、農神、文化神と、機能を向上させ、内性を複雑化させていったのではあるまいか。

またそうなってからも、若い英雄としていろいろな厄難や冒険に出逢う背後に、いつも見えつ隠れつするのは、その前身としての生成の母神の姿であったのである。民間の山の女神大汝《おおなんじ》なども、その名はこれに仕える若い男性の狩人の名となり、オオナンジ、コナンジなどという二人の狩人の名となっているところもある。古典のオオナムチとスクナヒコナの二神などの原像も、案外このあたりにあるかもしれない。

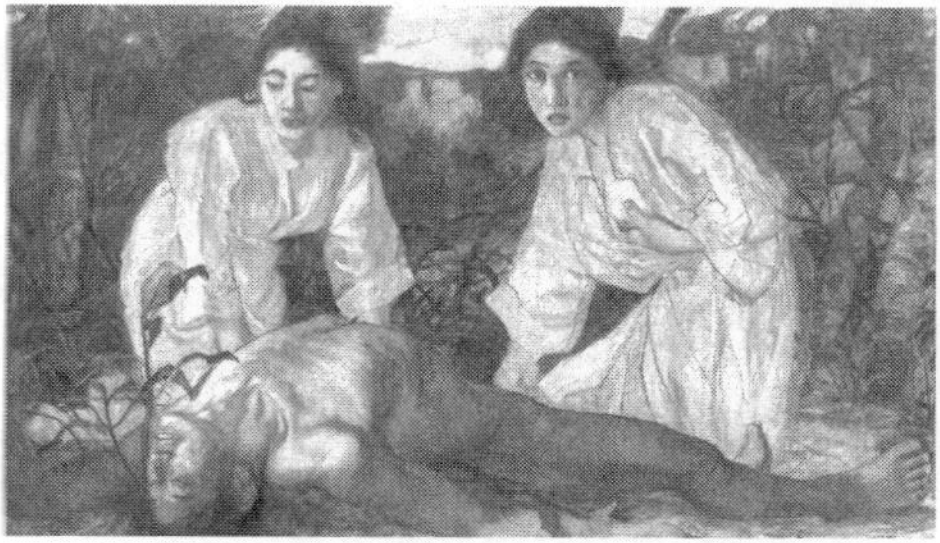

八十神により殺されたオオナムチは、キサガイヒメ・ウムガイヒメによって蘇生させられる。〈大穴牟知命〉青木繁筆・アーティゾン美術館

オオナムチと海洋

この神がもともと大地や農耕などに結びついていたとすれば、海とはまったくの無縁でありそうなものではあるが、不思議とこの神は海にもつながりを持っている。これについては、次田真幸《まさき》氏なども論を展開しておられる（『日本神話の構成』）。出雲の杵築《きづき》・日御碕《ひのみさき》などの海岸一帯は、いわゆる御碕海人《みさきあま》の根拠地であった。したがって出雲大社や、その眷属神、ミサキ神を祀ったらしい日御碕神社などの神事には、海人の呪儀だったと思われる要素が少なくない。

古代の出雲大社の社殿が直接に海岸に接していたらしいことは、多くの学者が考証ずみである。実際に現在の拝殿を修復したとき、地下から掘立柱が出土し、その下が海であったことが立証された（千家尊統《せんげたかむね》『出雲大社』）。『日本書紀』の中で、その天日隅宮《あまのひすみのみや》（出雲大社）の造営について、「汝（オオナムチ）が往来《ゆきかよ》ひて海に遊ぶ具のためには、高橋・浮橋《うきはし》および天鳥船《あまのとりふね》、また供造《つくり》まつらむ」などと、海浜の神事らしい描写がある。ここで浮橋というのは、多数の船を横にならべて板をわたした臨時の橋らしく、また天鳥船は、松本信広氏などの説のように、鳥の形になぞらえて造った船のことらしい（『日本の神話』）。おそらくこの社の古い祭りでは、そうした神幸船の渡御《とぎょ》などがあったろう。『古事記』の国譲り神話に出てくる天鳥船神《あまのとりふねのかみ》などは、ひとつはこの神の祭りに、神霊を載せる神幸船の神格化であるのかもしれない。

『古事記』のその段では、水戸《みなと》の神のクシヤタマが膳夫《かしわで》となり、鵜《う》と化して海にもぐり、海底の土をくわえてきて、「天《あめ》の八十《やそ》平瓮《ひらか》」を造り、また海藻の柄で火鑽具《ひきり》を作って火をきり出し、海人《あま》の釣ったスズキを料理して、オオナムチを祀ったと記されるが、これにも海人の匂いが強く感じられる。現在でも、大社の神事の中には、海と関係する、八月十四日（古くは七月四日）の「身逃《みに》げの神事」のような、稲佐《いなさ》の浜で行なう神事もある。社家の別火《べっか》氏（クシヤタマの子孫と伝えられる）が、大社相伝の火鑽《ひきり》杵と臼できり出した聖火で調理した斎食《さいしょく》を食べ、稲佐の浜の海水で身をきよめたり、浜の塩掻《しおかき》島で塩をかき、またオオナムチを体し「神幸の儀」を行なうのである（『官国幣社特殊神事調』）。

『文徳実録《もんとくじつろく》』に見える前述の常陸大洗《ひたちおおあらい》磯前《いそさき》のオオナムチ・スクナヒコナも、海岸の塩をとる翁の前に示現したといい、また能登の大穴持像石《おおなもちかたいし》神社も海に近い。また北九州の海人族の宗像《むなかた》の女神との結婚、大社の摂社の命主《いのちぬし》神社境内から、北九州のそれと同型といわれる銅戈《どうか》の出土したことなども、みな海人との結びつきを示唆するものである。また『古事記』のヤチホコノ神（オオナムチ）とヌナカワヒメ、スセリヒメの三者の唱和歌「神語」の末尾の「天馳使《あまはせつかい》」は、海人《あま》の丈部《はせつかいべ》（一種の公用飛脚）であり、神語はそ

身逃げの神事（神幸の儀）における禰宜の装束

の語りごとであろうと説いた折口信夫氏の説（『古代研究』国文学篇）も思い浮かぶ。

海洋との結びつきとおそらく関係があるのは、この神と龍蛇との結びつきである。古典では、オオナムチの内性には、そうした色彩はあまり見えないが、現地の出雲では、その要素が多少残っていた。『懐橘談』によると、この神の鎮座地とされた出雲の御碕《みさき》山は、別名八雲山とも蛇山ともいったという。また同書や『大社志』などによると、神在祭のころ、稲佐の浜、日御碕、東部の恵積浜《えづみのはま》などに流れ寄る海蛇、俗にいう「龍蛇様《りゅうじゃさま》」は、龍宮の使とかオオナムチの使とかいわれ、出雲大社の亀甲輪違《きっこうわちがい》の神紋を有し、これが流れついたとき、これを曲げ物に載せて、神殿（稲佐の浜は出雲大社、日御碕は日御碕神社、恵積浜は佐太神社）に納めたといい、現在も続いている神秘な行事であるが、千家尊統氏は、これをオオナムチの神霊が海のかなたから訪れるという信仰と関係あるものと見、またこのことと、出雲大社の神殿の神座が西方稲佐の浜の方向に向いているということを結びつけ、「もともと大国主神（オオナムチ）は、海の彼方常世《かなたとこよ》の国からよりきたれる霊威であった」と推定している（『出雲大社』）。

『大社志』の鳥羽院の永久三年（一一一五）の造営の記事に、有名な寄木《よりき》の話がある。大木百本が稲佐の浜に寄りつき、また一方因幡《いなば》上の宮近くの浦に漂着した大木に、大蛇がまといつき、神の告げによって、これらを大社の遷宮の用材にしたという伝承である。この社と蛇体との結びつきをあらわしている。近世の『雲陽秘事記』によると、松江城主松平直政が出雲大社に参詣《さんけい》し、その神体を見たいといい、千家・北島の両国造の制止もきかず見たところ、それは大きな九穴《きゅうけつ》の鮑《あわび》で、それがたちまち十尋《とひろ》ばかりの大蛇となったので、直政は驚き畏《おそ》れて、退出したという。これはたんなる風説であろうが、蛇神という意識を残している。

オオナムチが三輪の蛇神オオモノヌシと同一視されたり、また鴨のアジスキタカヒコネとかヤエコトシロヌシ、諏訪のタケミナカタなどの、他の地方の有力な蛇神・水神を、その御子神に加えている記紀の神統譜も、もともと「蛇体の水霊」という共通な内性によるものであろう。オオモノヌシとの出逢いも、記紀によると、スクナヒコナが常世《とこよ》の国に去って、孤独になったオオナムチが、悲嘆にくれていると、海原《うなばら》を照らして浮かんでくるものがあり、オオナムチが問うと、自分を大和の三諸山《みむろやま》（三輪山《みわやま》）に祀れば一緒に協力して国を治めようといった。ここではオオモノヌシは、海原を照らしてくる神なのである。

龍蛇様が流れつく日御碕にある日御碕神社は、『風土記』では美佐伎社、『延喜式』では御碕神社となっているだけで、古くは「日」がない。たぶんオオナムチのミサキ神（神使、部下）としての神を祀ったのであろう。現在は上の宮スサノオ、下の宮アマテラスの二社に分かれる。『懐橘談』には、一説にミサキ神を、オオナムチの末娘の羅刹女《らせつめ》だという。正月五日に、海藻を神前に供える和布刈《めかり》の神事もあり、おそらくこれも海人系の社で、龍蛇神なのであろう。

スクナヒコナと常世《とこよ》の国

海から寄りつく神として、出雲の神々の中でももっとも人気のあるものは、オオナムチの国作りの相棒のスクナヒコナである。この神は、中世の人気者一寸法師とならんで、古代のユーモラスな小童神であった。この神が蛾《ひむし》または鷦鷯《さざき》の羽を衣服につけ、波の穂より天のカガミの船に乗り、出雲の美保の岬または稲佐の小浜に寄りついたという記紀の話は、かれが海のかなたの常世から来訪する豊饒霊のひとつであったことをあらわしている。スクナヒコナと常世との結びつきは本来的なものであったらしい。「常世にいます岩立たす少御神《すくなみかみ》」と讃えられ、また粟茎《あわがら》にはじかれて常世に去ったとも伝えられている(『日本書紀』、および『伯耆国《ほうき》風土記逸文』)。

この神が一種の穀霊であることは、諸学者の論じるところである。この神の正体を最初に見届けたのがクエビコ、すなわち山田のソホド(カガシ)で、これを推挙したのがタニグク(蛙)だったという『古事記』の伝えも、この神と稲作との結びつきをあらわしている。後世の「お椀《わん》の舟に箸《はし》のかい」の一寸法師や、諸国の小《ちい》さ子の説話、また遠くヨーロッパの、麦刈や粉ひきの手伝いをする小人族の話にいたるまで、民譚に出てくる小人は、穀霊の信仰から出たものが多い。

この神がクシの神、すなわち酒を造る神とされたり、また『風土記』の中で、オオナムチと一緒に各地を歩いて、稲種をまいたり、稲を積んだりしているのも、もともと穀霊が前身であったからである。

この神は『日本書紀』ではタカミムスビの手のまた(指の間)からこぼれ落ちた子とされているが、『古事記』では出雲の母神カミムスビの子とされている。この方が本当らしい。

『伯耆国風土記逸文』で、粟茎に乗って常世の国にはじかれたという粟島《あわしま》は、夜見浜の西南部、米子市彦名の粟島であり、今では半島の根もとの部分の地名であるが、かつては『出雲国風土記』意宇郡の粟島と記され出雲の信仰圏に属する、というより立派なカミムスビの信仰圏に属する。

この神とオオナムチとが協力して国作りを行なったり、また天下に医療・禁厭《まじない》の道を授けてまわったりする話は、前にも述べたように、この二神を奉ずる出雲巫覡《ふげき》たちの全国遊説《ゆうぜい》によるものである。『伊予国風土記逸文』の温泉由来譚をはじめとして、各地の温泉神社の祭神にその二神がなっているのも、やはり同様である。オオナムチとこの神の協同は、カミムスビの信仰を、オオナムチ崇拝が包摂した結果であろう。

出雲大社の瑞垣《みずがき》内の本殿に向かって左隣の摂社筑紫社《つくしのやしろ》は、後世の社伝では、オオナムチの妃の、宗像《むなかた》女神の一人タギリヒメだとし、右隣の大后スセリヒメを祀る御向社《みむかいのやしろ》と、本殿をはさんで対立しているかたちであるが、この筑紫社は、『延喜式』に神魂御子《かみむすびのみこ》神社と記されているのがこれであるとすれば、もともと宗像女神ではなくして、スクナヒコナであろう。御向社のさらに右隣にあるのが、天前社《あまさきのやしろ》で、例のキサガイヒメとウムガイヒメとを祀るという。もしそうだとすれば、これもカミムスビ系である。アマサキとは、海人《あま》のミサキ神なのかもしれない。

このスクナヒコナとオオナムチとは、洞穴や石神と結びついていることは、前に述べたとおりである。この両者が結びついたころは、まだオオナムチは大社造の社殿ではなく、そうした自然の洞穴にまつられており、巫覡らはそうしたかたちで教えを広めていったことがわかる。諸国にある二神の口碑に結びつく洞窟や石神などもそうであった。

オオナムチの生い立ち

オオナムチに関する物語の中でもっともまとまった一代記のような形式を持ったのは『古事記』である。その大筋はこうである。オオクニヌシ（オオナムチ）は、兄の八十神たちのともをして因幡《いなば》のヤガミヒメのもとに求婚に出かけた折に、白兎を助け、ワニに毛をむしられたのをなおしてやる。袋を背負ったオオナムチは、兎に「淡水で体を洗い、蒲《がま》の花粉をまき散らし、寝ころぶとよい」と教えた。一行はヤガミヒメに会うが、ヒメは兎の予言によって兄たちを嫌い、オオナムチを選ぶ。兄たちは怒ってオオナムチを殺そうとし、猪に似た岩を焼いて、これを猪だとだまして抱かせ、焼死させる。母が悲しんでカミムスビにすがると、カミムスビはキサガイ、ウムガイの二女神を遣わし、貝の粉と汁で作った塗り薬で、彼を生き返らせる。次に、大木の割れ目にクサビを打ちこみ、これに入れて殺そうとするが、母神が見つけて助ける。母神は、紀伊のオオヤビコ（イタケル）のもとに逃がす。八十神はなお追いすがるので、母神は根の国のスサノオのもとに逃がす。

根の国でも、オオナムチに対する試練はつづく。根の国の王者スサノオは、かれを「蛇の室《むろや》」「呉公《むかで》と蜂の室」に寝かせ、胆力を試すが、スサノオの娘のスセリヒメがかれに恋し、「蛇の領巾《ひれ》」や「呉公と蜂の領巾」を授けて撃退させる。次にスサノオは矢を野に射入れて

りすごす。矢は鼠がくわえてくる。これをとらせ、野に火をつけるが、オオナムチは鼠の忠告により、地下の穴において火をや

く、呉公《むかで》がたかっている。ヒメの出す椋《むく》の実と赤土とを、嚙んで吐き出すと、スサノオは彼ミコトの無事を見て、スサノオはオオナムチに自分の頭の虱《しらみ》をとらせる。見ると虱でな

が呉公を嚙みつぶしていると思い、安心して眠る。その間にスサノオの長い髪を室《むろや》の垂木《たるき》に結びつけ、大岩を戸口に置き、ヒメを負い、生大刀《いくたち》・生弓矢《いくゆみや》・天詔琴《あめののりごと》の三つの宝を持って逃げ出す。琴が樹にふれて音を立て、スサノオは目を覚まし、髪をひとつひとつ垂木から解く間に、二人は逃げのびる。

スサノオは、黄泉平坂《よもつひらさか》まで追い、オオナムチに向かって呼びかけ、「その宝器で八十神を退治し、汝が大国主《おおくにぬし》（偉大な国土の主）となり、また顕《うつ》し国魂《くにだま》の神となって、スセリヒメを大后に立て、宇迦の山の麓に大きな宮殿を建てて住むがよい」と言った。そこでオオナムチはヒメをつれ、葦原中国《あしはらのなかつくに》（地上）に還って、国土の経営者となったという。この話は、『日本書紀』にも『風土記』にも見えない。

オオナムチと八十神

『古事記』のオオナムチの生い立ちの物語は、大きく分けて二つの部分から成り立っている。すなわち⑴八十神による迫害と、死よりの蘇生、⑵根の国における試練の話である。これに因幡の白兎の話が⑴のエピソードとして付加されている。⑴は、従来多くの学者によっ

て、巫覡《ふげき》団体の入門式《イニシエーション》の秘儀における、受戒者の試練《オーデヤル》をあらわすものとされるが、その説はおそらく正しい。八十神とは、その団体の長老たちの神話的投影であろうし、またかれらの迫害によって、幾度も死ぬオオナムチを、そのたびに蘇生させるその母神は、その団体にまつられる巫祖としての女神なのであろう。

原始的な民族の秘事団体の入門式や男子成年式などにも、そうした苛酷《かこく》な苦行や、死からの蘇生の劇的表示などが行なわれ、またおうおうにして、女神や母神などが出てきて、受戒の少年たちをいったん殺したり、また復活させたり、再誕させたりすると信じられている。岡正雄氏などによって、日本や沖縄のマレビトの祭りと比較され、その類似を指摘されたメラネシアの秘事団体ドクドクDukdukの祭りでも、女神トブアンTubuanがあらわれ、男神ドクドクを毎年生み出し、また少年たちを棒で打って、いったん殺し、またこれを再生せしめると信じられていた。

またオーストラリアのカラジェリ族の成年式の縁起譚として、昔、バガジンビリという名の兄弟の巨人がいて、人間にいろいろ教えたが、成年式の儀典を定めたとき、ある男がこの兄弟を槍で殺した。ところが母親が死体を探し出し、その乳によって兄弟は蘇生したという。母親や乳の登場は、オオナムチの母親がオオナムチの体に貝の汁を「母乳のように」塗ったという伝承を思い出させるものがある。ここにも死と蘇生が語られる。

オオナムチの崇拝は、前に述べたように医療・禁厭《まじない》・託宣・卜占《ぼくせん》などを機能として、各地にその宗教を拡めていった出雲の巫覡《ふげき》教ともいうべき、神人たちの宗教活動によるものと考えられる。白兎の治療法やオオナムチ自身の火傷《やけど》の治療の方法なども、かれらが実際に行なっていた民間療法に違いない。また大きな袋をかついで歩くかれの姿そのものも、そうした呪薬・巫具《ふぐ》をたくさん入れた巫覡たちの旅姿であろう。

根の国での試練

(2)の話は、説話学的には「英雄求婚型」に属するといわれる。世界に広く分布している型である。その共通の粗筋は、(イ)英雄が他国または他界にいき、そこの王者に試され、(ロ)王女が英雄を愛し、これを援《たす》けて難関を突破し、(ハ)英雄と王女とは出奔《しゅっぽん》し、追跡され、(ニ)二人は国に帰って結婚する、という内容のもので、ギリシア神話の英雄テセウスやイヤソンなどの物語もこれに属する。

オオナムチの根の国ゆきも、これに属することは、高木敏雄、松村武雄氏など、多くの比較神話学者の論じるところであった。ただこの話は、外国から口頭だけで伝播してきた舶来の昔話以外の何物でもないのかというと、それだけでは解釈しきれない多くの民俗的なモチーフが含まれている。

この根の国での蛇の室《むろや》、呉公《むかで》・蜂の室などの試練が、古代の秘事団体ないし巫覡団体への入門式における候補者の受ける種々の苦行、その死と冥界入り、およびそこからの復活をあらわすものであることは、松村武雄氏以来の定説である（『日本神話の研究』第三巻）。

ここで使用された蛇の比礼《ひれ》や、呉公・蜂の比礼などは、『旧事本紀《くじほんぎ》』に見える、物部氏の呪宝天璽瑞宝《あまつしるしのみずたから》の中にもあり、これらを打振ると死者も生き返ると伝えられたように、巫覡の徒が招魂《たまふり》のため、死者の魂を呼び返し、これをさまたげる邪霊を追いはらう呪具であったらしいことは、前著『日本神話の新研究』でも述べた。

　蛇の室、呉公《むかで》の室などは、おそらく実際にひとつひとつ区画された岩室の中にそれらが飼われ、全体が他界をあらわすという構造であったろう。受戒者がその中を通過して勇気を試されるという、ドラマティックな儀礼が行なわれたのかもしれない。呉公なども、このあとでスサノオの頭にたかっている話にもあらわれ、オオナムチはこれを食べるまねをして、スサノオを欺くのであるが、ポリネシアのハーヴェイ群島などには、同じタイプの話で、テカウアエという男が、呉公を食べるまねをして、冥府《めいふ》王ミルをだまし、地獄から戻り、蘇生するという話がある。また野焼きのときに、オオナムチを救う鼠も、日本では「鼠浄土《ねずみのじょうど》」の昔話にも見るように、他界の動物である。

　オオナムチの根の国での試練は、こうした岩室ないし洞窟における、かれら巫覡たちの秘儀をあらわし、これを助けるスセリヒメは、このさい祭られる他界の女神なのであろう。この女神を負い、生大刀・生弓矢・天詔琴などの起死回生の呪具、神託の巫具をもって現世に還り、ウツシクニダマの神となるのは、この女神を奉じ、そうした呪具を携帯して、招魂や神託を行なう巫覡らの代表である祭司王ないし巫覡王に就任することである。すなわち、この話は、岩屋を行場《ぎょうば》とする巫覡たちの巫祖伝説であるとともに、またかれらを統轄《とうかつ》する祭司王の即位式や入門式《イニシエーション》の縁起譚となったことをあらわしている。言いかえれば、オオナムチの祭祀権を掌握した出雲国造の世継ぎの入門式《イニシエーション》の由来話なのであろう。

　出雲大社の祭神となったオオナムチは、そうした巫医《ふい》的要素は、後世にはうすれてしまったが、その摂末社の中にはそうした機能を、かつて有していたと思われるものもある。大社の瑞垣《みずがき》内の摂社である天前社《あまさきのやしろ》は、また古来命姫社《いのちひめのやしろ》ともいい、生命を掌る。同じ摂社命主《いのちぬし》神社も、『出雲国風土記』に、御魂《みたま》神社とあるのがそれらしい。みな生命・霊魂などに関係した神らしい。前にあげた常陸の大洗磯前薬師《おおあらいいそさきやくし》菩薩《ぼさつ》神社なども、オオナムチ・スクナヒコナを祀るのであるが、薬師信仰と結びついているのである。伊予の道後温泉ばかりでなく、摂津《せっつ》の有馬、陸奥《むつ》の玉造《たまつくり》、下野《しもつけ》の那須《なす》などの諸国の温泉神社にオオナムチまたはスクナヒコナを祀るのも、医療神であった証拠である。

　南太平洋のニューヘブリデス群島には、洞窟やその人工的建造物、ドルメン、環状列石、立石、また迷路のような構造をした螺旋《らせん》状の石造物などが、秘事団体マキ Maki の祭祀儀礼と結びつき、かれらの死者崇拝や、若者たちの死と蘇生の入門式《イニシエーション》の場となっていた。そこには、レ・ヘヴ・ヘヴ Le-hev-hev という名の母神がまつられ、彼女は豊饒の女神でもあると同時に死者を食う存在であり、また「再誕の母」とも呼ばれていた。

　また牙のある猪が、受戒者の若者たちと同一視せられ、その母神に捧げられた。この入門式《イニシエーション》は、巨石で構築せられた聖所で行なわれ、死者の旅をあらわす身振りや歌があり、また再誕して幼児のように振舞うしぐさがあった。オオナムチが岩石や洞窟と結びつき、猪(じつはその形をした石)に殺され、冥界にいって女神を奉じて、現世に還るというモチーフと、奇しくも一致するのである。

中世以降でも、『出羽風土略記』などを見ると、羽黒山の山伏の峰入堂《みねいりどう》での行法として、香の悪い草を焚《た》き、煙にむせて死ぬ山伏があれば朴《ほお》の実を食べさせて活かし、また吹越堂《ふきこしどう》などでは、さらに難行をし、新客の山伏を藤づるで谷底へ釣り下げ、途中で切って落とすなどの荒行《あらぎょう》があった。

また東北地方の盲目の巫女《みこ》イタコ、イチコが、師匠について、デンジュ、ユルシなどという入門式《イニシエーション》を受けるとき、白の死装束《しにしょうぞく》をつけ、水をかぶり、餅を打ちつけたりして気絶し、神つけを受け、のちに誕生と称して婚礼の装束をし、盃事《さかずきごと》をし、一人前の巫女となったことを披露する行事が行なわれた。これらはみな苦行のともなう「死と蘇生」の儀の遺風であると言える。

オオナムチが割れ木の間に挟まれて死ぬ話や、木の俣《また》をくぐり逃れて、命拾いをしたという話などは、やはり象徴的な「死と蘇生」の儀である。岩崎敏夫氏によると、福島県安達郡《あだちぐん》木幡山《こはた》の羽山まつりは、若者の成人式となっており、雪山に登るのが一人前になる条件にされ、また頂上近くの大石の割れ目を一人ずつくぐり抜け、いちいち「生まれた」と披露《ひろう》し、乳と称して粥《かゆ》を食べさせるという（『日本民俗学』八八）。

オオナムチとスサノオの出逢い

このように見ると、前段の八十神迫害と、後段の根の国の話とは、いずれも巫覡《ふげき》団体の入門式《イニシエーション》の縁起譚だったらしいことがわかるが、それにしても筋に重複が多い。守屋俊彦氏は、この両説話は、もともと別系の神話だったものが、後世に大和朝廷の造作により結びつけられたと推測している（『記紀神話論考』）。

私はこの二話がもともと別系の説話であったという考えには大いに賛成であるが、それを結びつけたのは、大和朝廷であるとまでは考えていない。多分オオナムチ崇拝のにない手としての巫覡集団がこの媒介者であったと思っている。

この前段と後段に出てくる人名や地名を対照して見ると、はっきりと地域的に分けられる。前段の話は、出雲の東隣の因幡のヒメや、白兎、隠岐《おき》島などが登場するほか、キサガイ・ウムガイの二女神が活躍する。またカミムスビも登場する。キサガイは『出雲国風土記』で見ると、島根郡加賀、ウムガイは同郡の法吉郷《ほうきのさと》の条に出てくる。カミムスビも、主として東部の島根郡に崇拝の中心があったらしい。この二女神は、水野祐氏などの説くように、島根半島の海人によって奉じられたものらしい（『出雲神話』）。とすると前段の八十神迫害の話の素材は、主として出雲の東部地方を中心として発生した物語であったといえよう。

これに対し、後段は、宇迦の山とか、スセリヒメ、スサノオなどの名が出てくる。宇迦の山とは、出雲郡の御埼《みさき》山がこれだといわれるが、出雲郡宇賀郷《うかのさと》の地名とも関係がある。スセリヒメは、おそらく『出雲国風土記』神門郡滑狭郷《なめさのさと》の条に出てくるスサノオの娘のワカスセリヒメと同一神であろう。この女神も、オオナムチが妻問《つまど》いを行なったとして語られ、その社（滑狭社《なめさのやしろ》）の前の磐石を、オオナムチが「なめらかな岩だ」と言ったという。

スサノオの崇拝地は、後に述べるようにすこぶる広く、東の意宇《おう》、島根郡から西は飯石《いいし》、神門郡にいたるまで、出雲全域に崇拝地もしくは伝承地があったが、その崇拝の中心地は、飯石郡須佐郷であり、これは滑狭とも遠くはない。これも崇拝の中心は西部である。してみると、根の国ゆきの話は、出雲の西部地方を土台として発達したものと思われる。このように『古事記』のオオナムチの生い立ちの物語は、出雲の東部と西部との別々の風土的伝承を結び合わせて、ひとつづきの英雄物語に仕立てたことがわかる。つまり本来は別々な東西の域の社会集団の秘儀の縁起譚であった英雄譚を、二つ結び合わせて、一人の英雄オオナムチの冒険と恋の物語に仕立てあげたのである。オオナムチの崇拝と伝承は『出雲国風土記』を見ると、東部から西部にかけて、ほとんど出雲全域に行なわれていた。

オオナムチの崇拝のひとつの流れが、東部の島根半島の海人の伝承である貝の女神や生成の母神カミムスビの信仰と結びついた。またこれに隣接する因幡《いなば》の女神ヤガミヒメの崇拝を包摂するとともに、これをオオナムチの若い時代の求婚の相手に仕立て、これに海人の白兎とワニの昔話をからませて、オオナムチの厄難の物語ができあがった。この厄難の数々のモチーフは、実際の巫覡たちの入門式《イニシエーション》の苦行の反映であるし、かれらの治療法の反映でもあった。

一方、オオナムチの崇拝が、その本来の中心地西部の出雲郡、杵築《きづき》郡などの地から拡がった別の流れは、そのあたりの山岳地帯を根拠地としていたスサノオの崇拝と接触したのであろう。スサノオの崇拝は、後でも述べるように、もともと紀伊の海人が奉じていた、海のはての根の国から来訪するマレビト神であったが、海人の移動により出雲に伝えられた。これは東部の意宇郡からしだいに西部に拡がっていき、飯石郡の須佐に根拠地を定めるにいたったのであるが、この御子たちの伝承が各地にあるのは、地方神とこの神との信仰の習合現象によるものであろう。滑狭《なめさ》の女神スセリヒメを御子神としたのも、そのひとつである。

そこに、強力なオオナムチ崇拝が押しかぶさっていった。出雲郡の滑狭の女神の崇拝と、オオナムチの崇拝とが、最初に接触したときまず二神の婚姻の話が生まれた。『出雲国風土記』では、この二神の逢引は、正常な通い婚であったことを物語り、また別に根の国でのこととして語られていない。根の国での話となったのは、根の国の大神スサノオの崇拝およびそれを奉じる祭祀団体と、このオオナムチ崇拝とが結びついた結果であろう。

記紀によると、オオナムチはスサノオの子だとも六世の孫だとも伝えている。しかし、いずれの伝承においても、オオナムチがスサノオの娘と結婚するのはおかしい。この結婚の話は、『風土記』にもあるのだから本来的な伝承だろう。スサノオとオオナムチの、親子、祖先、子孫というような系譜関係こそ、七、八世紀ごろの朝廷の造作と考えられる。

『古事記』のオオナムチは、根の国の大神スサノオの継続者、相続者であるように見える。これはオオナムチの神徳を奉じる一団が、その秘儀的な入門式《イニシエーション》の多様な方式や、その基礎観念としての根の国信仰などを、スサノオを奉じる司祭団、巫覡団体から摂取した結果の産物ではあるまいか。

オオナムチの色ごのみ

オオナムチの崇拝が最初の素朴な自然神・岩石神などから発達して、国作りの大神として各地に拡まるにつれ、各地の地方霊格の祭祀を包摂し、その御子神としたり、その妻妾としての女神としたりした。この神がスセリヒメを第一の后《きさき》に、因幡のヤガミヒメ、高志《こし》のヌナカワヒメ、宗像《むなかた》のタギリヒメ、カムヤタテヒメ、トリミミノカミなどの数多くの女神をめとり、またそれによって一八一柱の御子神を生んだという記紀の伝承も、アヤトヒメ、マダマツクタマノムラヒメ、ヤノノワカヒメ、ワカスセリヒメ（記のスセリヒメと同神）などに妻問いをしたという『出雲国風土記』の伝承も、この神の崇拝と、地方的女神のそれとの習合の産物である。

しかしまたかれの多淫性《たいんせい》は、もともとかれが繁殖神・豊饒神であったことによるのであり、その祭りには、後世の神社の田遊《たあそび》、御田祭《おんださい》、御田植祭などに見られるような、神と女神（後世は芸能化し、天狗とオカメ、爺と婆など）の結婚をあらわす、農耕呪術としてのとつぎわざが行なわれたからであろう。ヌナカワヒメやヤチホコノ神とスセリヒメとの唱和歌「神語」なども、このような神婚劇の台本なのであろう。

橘守部《たちばなもりべ》が、この神語を、身振りをともなった楽府の歌曲であるとしたのは著名である。かれは、二神が「宇伎《うき》ゆひし、うながけりて、今に至るまで鎮まります」（記）というのを、男女の道祖神が酒杯をくみかわし、互いに肩に手をかけ合って鎮座する姿であると考え、そうした男女神の前で演じる一種の神楽《かぐら》の台本であろうと考えたのである（『稜威言別《いつのことわけ》』）。

この神のヌナカワヒメとの婚姻に似た話は、『出雲国風土記』にも見える。同書島根郡美保郷の条に、オオナムチが高志《こし》のオキツクシイの子のヘツクシイの、さらに子である奴奈宜波比売命《ぬなかわひめのみこと》と婚し、ミホススミを生んだことが記されている。ヌナカワヒメは、『延喜式』に見える越後国頸城《くびき》郡の奴奈川《ぬなかわ》神社の祭神であり、北陸方面の女神である。『古事記』に「遠々し高志《こし》の国」にいる女神だと歌われている。オオナムチが、北陸の地にいったという伝承は、『古事記』ばかりでなく、『風土記』の意宇郡の母理郷《もりのさと》、および拝志郷《はやしのさと》の条《くだ》りにも見え、オオナムチが越の八口《やくち》を征討したと記されている。越後国岩船郡関川村の八ツ口がその地である。

古代のコシは、越前、加賀、能登、越中、越後などの、日本海沿岸、北陸地方一帯を総称した名であるが、出雲とは実際にしばしば文化的交流が行なわれたらしい。

能登などは前述の大穴持像石《おおなもちかたいし》神社や宿那彦神像石《すくなひこのかみかたいし》神社、それにオオナムチを祀るとされている気多《けた》大社などもあり、出雲文化の飛び地であったような感がする。奴奈川神社のある越後の頸城郡にも、大神《おおみわ》神社とか佐多《さだ》神社など出雲系の神社らしい名が『延喜式』に見える。出雲でコシ人というのは、もともと海人の一種で、出雲人と絶えず海上の交通により、交易や植民を相互に行なったのであろうと考えている。『出雲国風土記』神門郡にも古志郷《こしのさと》があり、昔、イザナミのとき、日渕川の水を引いて池を築造した。そのとき古志の国人がやって来て堤を造り、この地に宿ったと記されている。

ミホススミは、このコシ人の守り神である海の神（オキツクシイ、ヘツクシイ）の子であるとされたヌナカワヒメと、オオナムチとの結婚により生まれた子である。これもオオナムチ信仰圏の拡大と包摂によるものだろう。オオナムチ祭祀が後に出雲国造家の掌握するところとなったとき、こうした大神と数多くの女神との神婚の神事が、一種の王権祭式化したかたちで行なわれたらしい。これはもともとは農耕の呪儀であったのが、後には祭神オオナムチの国作りの大業の完成と地方鎮撫《ちんぶ》のための呪術的保証となると信じられたのであろう。

後世延暦十七年（七九八）の『太政官符』の中に指摘があるように、出雲国造の新任の日に、神事に託して百姓の女子を神宮采女《うねめ》と名づけて娶《めと》るという悪弊があり、それを一人に制限するように指示があった。出雲国造が祭神オオナムチの国作りの大業になぞらえて、数多くの国魂《くにだま》の代表ともいうべき采女と神婚の秘儀を行ない、これが大神と多くの女神との結婚の故事を再現するものであったのであろう。

出雲の平定と統一

オオナムチは、最初から出雲臣族のような特定の世襲豪族によって祀られていたのではなく、もとは岩屋などを行場とする巫覡《ふげき》たちの奉じていた神であった。かれらはその団体の入門にさいし、新参者にさまざまの試練や苦行を課し、とくにその長としての巫覡王は、顕《うつ》し国魂《くにだま》の神としての資格を要求され、大がかりなドラマティックな儀礼で、その地位に選ばれ

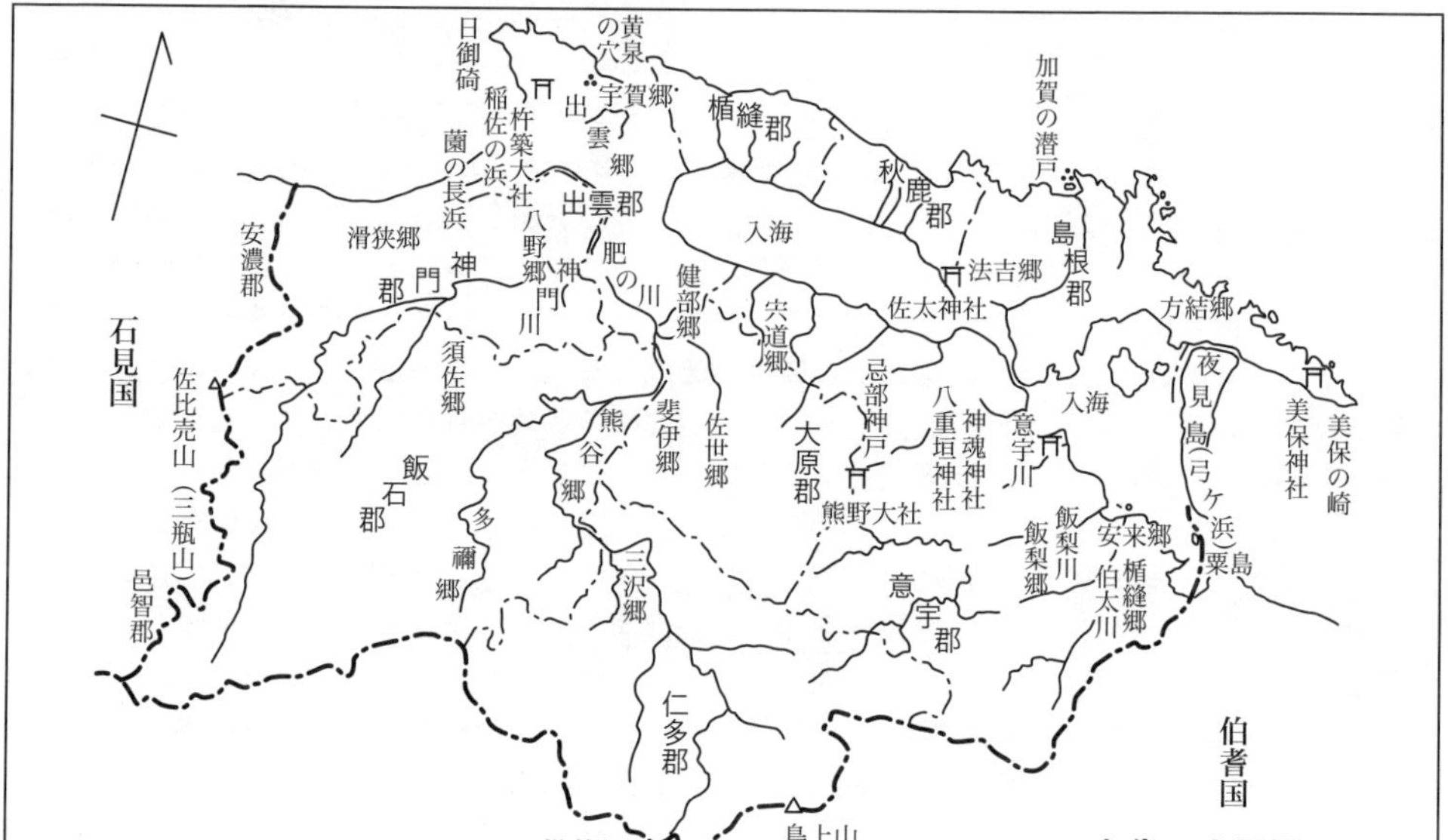
石見国
佐比売山（三瓶山）
邑智郡
安濃郡
滑狭郷
日御碕
薗の長浜
稲佐の浜
杵築大社
出雲郷
黄泉の穴
宇賀郷
出雲郡
八野郷
神門川
神門郡
肥の川
健部郷
須佐郷
飯石郡
多禰郷
熊谷郷
三沢郷
斐伊郷
佐世郷
仁多郡
備後国
鳥上山
楯縫郡
秋鹿郡
入海
宍道郷
大原郡
忌部神戸
熊野大社
八重垣神社
神魂神社
法吉郷
佐太神社
島根郡
加賀の潜戸
方結郷
意宇川
入海
飯梨川
飯梨郷
安来郷
伯太川
楯縫郷
意宇郡
夜見島（弓ヶ浜）
粟島
美保神社
美保の崎
伯耆国
古代の出雲国

たのであろう。

後にアメノホヒの後裔と伝える出雲臣族が、東部の意宇から進出してきて、その祭祀権を手中に収め、群小の首長や巫覡たちを制圧し、大和朝廷を後ろ盾に、大きな神殿を建設して、この神をまつり、世襲制としたのであろう。おそらく最初は特定の強大な豪族がこの祭祀を独占していたのではないであろう。井上実氏などは、のちに出雲臣と同族とされ、西部にいて、アメノホヒを祖先としていた神門臣《かむとのおみ》を、その本来の奉斎者ではなかったかと主張している（『出雲神話の原像』）が、もしそうだとすれば、なぜ出雲最大の大神の直裔だという栄光ある系譜を、抹殺され、平気でいられたのかわからない。

おそらく素朴な農民、漁民、その指導者としての巫覡、神人たち、およびかれらを統轄《とうかつ》する小豪族、村君《むらぎみ》たちの奉斎する共同の守護神であって、最初は出雲大社のような高大な神殿に祀られることなく、海岸の洞窟の中に、聖所を持つ岩石神であったのであろう。その小規模な崇拝がやがて巫覡らの手によって平野地方に拡がっていった。当時、出雲国一円に割拠した群小の村君たちや巫祝王《ふしゆくおう》は、それぞれ独自の呪宝・玉璽《レガリア》の類を数多く持っており、その呪的権威を誇っていた。東部の出雲臣や西部の神門臣などもその例外ではなかったろう。

オオナムチが天下平定に用いたという「平国《くにむけ》の広矛《ひろほこ》」、ホヒの子のヒナドリが天からもたらしたという神宝、八岐大蛇《やまたのおろち》の尾から出たという草薙剣《くさなぎのたち》、オオナムチの物語にある生大刀《いくたち》・生弓矢《いくゆみや》・天詔琴《あめののりごと》など、みなそうした小首長家の呪宝であったにちがいない。もちろんこれらはみな一種の祭具であり、かれら首長が巫祝王としてのカリスマを保つための呪具であったろう。

しかし大和朝廷では、こうした出雲の首長たちの玉璽《レガリア》をとりあげて、かれらの神権を失墜させ、中央集権の実をあげようとする意図があったから、物部氏に命じてこれらの徴集を督促させるとともに、四世紀の河内王朝時代からすでに朝廷に忠誠を誓い、東部の意宇に勢力の基盤をもっていた出雲臣族を、積極的にバックアップして、西部の制圧と、群小の首長らや巫覡らの、統合の中心である杵築のオオナムチの祭祀権を手中に収めさせたのであろう。『日本書紀』の崇神紀に見える、出雲の神宝の朝廷召しあげをめぐっての、出雲臣振根《ふるね》と飯《いい》入根《いりね》との争いの説話、また『古事記』の倭建命《やまとたけるのみこと》と出雲建《たける》との同様な真大刀《まだち》・木大刀《きだち》の争い、また国譲りにおけるオオナムチとその御子たちの意見の対立の神話などは、みなこれらの政策による出雲国内の諸豪族間の分裂や動揺を、反映しているのであろう。

この政策の強行が功を奏し、西部地方が完全に制圧されたのは、出雲国造家が群小の首長や巫覡らを統合する杵築の祭祀権を独占したことによるのであろう。これが国譲り神話における、オオナムチが「平国の広矛」を天孫に献上する話や、草薙剣をアマテラスに献上する話などに反映しているといえよう。ところで、律令時代の出雲の西部地方、出雲郡や神門郡には、そうしたオオナムチを奉じたと思われる巫覡の徒、神人、祭祀団のごときものの存在が、文献的に徴証されることはないのであろうか。

私は、天平十一年の「出雲国大税賑給歴名帳《たいぜいしんごうれきみょうちょう》」の出雲郡と神門郡の部に見える、神奴《かむやっこ》部《べ》、神人部《かむびと》などがこれであろうと思っている。ことに神奴部などは、出雲郡に十四、神門郡に三十五もあり、しかも三谷栄一氏も説くように、「首長ともいうべき臣を称するもの」が見えないことは、注意してよい（『日本神話の基盤』）。その他、この二郡に多い、日置部、出雲積《いずもつみ》の二氏も、同様な祭祀部曲であろうといわれるが、私も賛成である。

神奴部という名は、摂津住吉郡、紀伊名草郡などにもあったことが『続日本紀』に記されている。明らかに住吉大社、日前《ひのくま》神宮に仕えていた下層神職であったらしいが、とくに有名なものは、同書にさかんに見える、常陸国の鹿島《かしま》神宮の神奴である。鹿島神奴とか鹿島神賤《しんせん》とか呼ばれ、数百人も数えたことが記される。この鹿島神奴らが亀卜《きぼく》の法や原始暦法、鹿島大神の崇拝などを東北に分布させたらしいことは、前著『日本神話の形成』で詳説しておいた。『三代実録』貞観八年の条に、常陸国の鹿島大神の苗裔《びょうえい》神三十八社が、陸奥国にあることが記されているのは、おそらくそうした神奴らの活動によるものであろう。

出雲の神奴部も、かつてのオオナムチ祭祀のにない手としての神人団で、国造家一族の祭祀権の独占により、その地位は神奴におとされたのであろう。神人部や出雲積なども同様であるが、この方は多少地位は高かったのであろう。

6　国譲り神話と諸氏族

国譲り神話とその舞台

記紀の出雲神話の終局は、オオナムチとその眷属の国譲りである。この舞台は、最初は出雲の海岸であるが、物語の進行中に、他の国の舞台にまで拡張されて、大きなスケールで語られている。『古事記』によれば、高天原《たかまのはら》では、二度の使者の失敗によって、三度目の使者タケミカズチを遣わす。タケミカズチはアメノトリフネとともに、出雲の稲佐の小浜に降り、剣を波の上に逆に立て、その上にあぐらをかき、オオクニヌシに国譲りの意向を問うた。

鳥や魚の猟をしている子の八重《やえ》事代主《ことしろぬし》にきいてくれというので、アメノトリフネに迎えにやらせた。コトシロヌシは父に、国土の献上をすすめて、船を傾け、逆手《さかて》を打って、海中に隠れた。そこへ、もう一人の子のタケミナカタが岩をさしあげて、力競《くら》べをいどんだ。まずタケミナカタがタケミカズチの手をとると、手は氷と変じ、また剣の刃と変じた。恐れて後ずさりしたタケミナカタの手を、今度はタケミカズチがつかみひしいで投げすてた。逃げていくのを追い殺そうとすると、タケミナカタは諏訪まできて、命ごいをし、国土の献上に同意した。タケミカズチは出雲に帰って、オオナムチに伝えたところ、オオナムチは、国を献

国譲り神話にちなむ美保神社の諸手船神事

上する代わりに、天つ神の御子の宮殿と同じほどの立派な宮殿を造営してくれるという条件で、同意し隠栖《いんせい》した。そこで出雲のタギシの小浜に宮殿が造られ、水《みな》戸《と》の神クシヤタマが料理人となり、神饌《しんせん》を作った。かれは鵜に変じて海底の粘土をとってきてたくさんの皿を作り、海草の茎で、火鑽臼《ひきりうす》を作って火をおこした。

『日本書紀』本文では、フツヌシとタケミカズチが、遣わされることになって、アメノトリフネは出てこない。事代主への使者はイナセハギが熊野《くまの》諸手《もろた》船《ぶね》、別名天鴿船《あめのはとふね》に乗っていくことになっている。タケミナカタはまったく出てこない。『日本書紀』一書の二では、タカミムスビが、オオナムチのために、壮大な天日隅宮《あまのひすみのみや》を造り、祭ることを命じ、アメノホヒに祭祀を命じたという。

この物語の原型《プロトタイプ》は、前に述べたように、出雲国造家の大社奉仕の由来譚である。したがって、その舞台も出雲大社の近くのイナサ（記）ないしイタサ（紀）の小浜であるのが本来である。ここは今の大社町稲佐浜で、大社の西方の海岸である。『延喜式』によると、杵築大社のある出雲郡には、これと並んで大穴持伊那西波伎《おおなもちいなせはぎ》神社、阿須伎《あすき》神社、天若日子《あめわかひこ》神社、阿麻能比奈等理《あまのひなどり》神社、阿遅須伎《あじすき》神社、和加布都怒志《わかふつぬし》神社など、出雲の国譲りの登場人物であるオオナムチ、イナセハギ、アメワカヒコ、アマノヒナドリ、アジスキタカヒコ、フツヌシなどを名とする神社があったことが知られる。まさにこの地方こそ、この物語の舞台であったことをあらわしている。

これが中央により再編成され、この話が天孫降臨の序幕として持ってこられ、東国の鹿島・香取の神などまでが飛び出してくるようになると、文字どおり全国的なスケールで語られるようになる。後でも述べるが、出雲に関係のない霊格はタケミカズチとタケミナカタばかりではない。アメワカヒコとシタテルヒメは摂津《せっつ》、コトシロヌシは葛城《かつらぎ》の鴨、というように、みな出雲には関係のない神々の話であり、舞台もみな違った話であったが、これらがみなつなぎ合わされて、壮大なスケールの「日本国土の国譲り」の神話となった。

『日本書紀』の一書の二の伝えによると、国譲りの後、オオモノヌシとコトシロヌシとが、神々を天高市《あめのたけち》に集め、これを率いて天上に昇り、天つ神に忠誠を誓ったので、タカミムスビが自分の娘のミホツヒメをオオモノヌシにめあわせ、中臣《なかとみ》や忌部《いんべ》などの神々にオオモノヌシを祀らせた。そこでオオモノヌシとコトシロヌシとは、永久に皇孫の守り神となったという。

この話に登場する神々は、みな出雲ではなく、大和土着の神々ばかりである。オオモノヌシは三輪、コトシロヌシは葛城《かつらぎ》と高市《たけち》、タカミムスビは宇奈太理《うなたり》、ミホツヒメは村屋、というように、大和盆地に鎮座し、天高市も大和高市《たかいち》郡の高市と関連があると思われる。もともと大和にも古い国譲りの説話があって、その国土の献上者は三輪と鴨の神であり、国譲りの条件として、天つ神側から祭司職を出し、三輪の神をまつらせることになったという顚末を述べた話であったろう。これが後世に、出雲の国譲りの話とつなげられたのである。これらの大和の神々は、みな天皇および皇居の守り神とされていたのである。

しかし、こうした出雲よりも大和への舞台の拡張の基盤は、すでに神賀詞の中にあった。神賀詞では、オオナムチは国譲りにさいし、自分の分霊をオオモノヌシとし、三輪山に、御子コトシロヌシをウナデに、カヤナルミを飛鳥にと、それぞれ鎮め、皇孫の「近き守り神」として置いたという。この神賀詞奏上がなされていたころは、これらの大和の神々は、すでにみな当時一種の新興宗教として、燎原《りょうげん》の火のように、民衆の間に拡まりつつあったオオナムチ信仰の影響下にあったのであろう。

コトシロヌシと国譲り

記紀の出雲の国譲りにさいし、活躍をするコトシロヌシやアジスキタカヒコネが、もともと出雲土着の神ではなく大和葛城のカモの神であることは、前にも述べたとおりである。両者ともにオオナムチの御子ということになっている。コトシロヌシは国譲りにさいし、オオナムチに代わって、意見を述べ、これによって決定されたという重要な神である。天つ神の使であるアメノトリフネ（記）ないしイナセハギ（紀）がコトシロヌシの意見をきくため、熊野諸手船《もろたぶね》、一名天鴿船《あめのはとふね》（紀）に乗って、出雲の美保の岬において釣りをしているかれのもとに出かけた。コトシロヌシは、父神に向かって、天つ神の御子（皇孫）に国土を献上なさいとすすめ、自分の船を踏み傾け、海中に青柴垣《あおふしがき》を作り、天の逆手《あまのさかて》というのろいの拍手をして、その中に隠れ去ってしまった。この答えによってオオナムチは国土献上を決意するのである。

このコトシロヌシは、不思議なことに『出雲国風土記』にも『延喜式』にも、出雲での崇拝や伝承の跡が見られない。かれが海中に隠れ去ったという美保も、オオナムチの子ではあるが、ヌナカワヒメとの間の子ミホススミの鎮座地となっていて、コトシロヌシとは関係がない。

コトシロヌシ（ヤエコトシロヌシ）の故郷《ふるさと》は、出雲ではなく、じつは大和の葛城のカモの託宣の神なのであった。『延喜式』に見える大和の葛上郡鴨都味波八重事代主神社《かつじょうぐんかもつみはやえことしろぬし》（御所市《ごせ》の鴨都波神社）がこの神の本拠地であるが、また高市郡の高市御県坐 鴨事代主神社《たけちのみあがたにますかものことしろぬし》にも祀られていた。この神がオオナムチの子であるという伝えは、「出雲国造神賀詞」の中にも述べられているので、出雲側でも認めていたはずなのに、出雲にはまったく崇拝は見られない。

従来の諸説ではこの神が美保に登場する話は、大和朝廷側の造作であろうという。はたしてそうなのか。合理主義一本の考えでは、つじつまの合わない部分が出てくると、さっさと「中央の作り話」であると片付けてしまう。しかし、海中に青柴垣《あおふしがき》を現じ、その中に隠れ去るというような、特殊な描写が、作り話だけでなされるとは思えないのである。

私は、オオナムチが返事をする代わりに、コトシロヌシが返事をしたというのは、オオナムチの意志を、ヨリマシを通じて託宣したということの神話的な表現であると考えている。そもそもコトシロとかコトシロヌシとかいう名は、託宣と関係がある名である。『日本書紀』に神功《じんぐう》皇后に憑《の》り移った神の一人にも、コトシロヌシ（イツノコトシロヌシ）がいたし、また壬申の乱のとき、高市県主許梅《たけちあがたぬしこめ》に神懸《かみがか》りして託宣を下したのも、コトシロヌシであった。同書の顕宗《けんそう》紀に、日と月の神が阿閉臣《あべのおみ》コトシロという人物に託宣を授けている。コトシロのコトは「言葉」つまり呪言を意味し、シロは名代《みょうだい》、代理を指す語である。つまりコトシロは託宣を行なうヨリマシを指す語であり、コトシロヌシはその機能を神格化したものである。

『延喜式』や『新撰姓氏録』には、アメノコトシロ、クニノコトシロ、アメノヤエコトシロヌシ、カモツミハヤエコトシロヌシなど、さまざまなコトシロ、コトシロヌシの神名が見える。これらは同じ神もいたであろうが、中にはまったく別系の神もいたのであろう。国譲りのコトシロヌシも、もともとは、オオナムチのいわば託宣を掌るスポークスマンとして登場するのであり、その神のヨリマシの神話化なのである。

コトシロヌシが隠れ去ったという故事によったと伝えて、美保神社では、今でも有名な青柴垣の神事が毎年四月に行なわれる。二そうの神船を青柴垣で飾り、これに精進潔斎《しょうじんけっさい》した頭人《とうにん》とその妻の小忌人《おみびと》を乗せ、船を沖合から浜辺まで曳航《えいこう》し、神前まで迎える行事である。もともとは神霊を海上から迎える行事であったらしい。

十二月（古くは十一月）にも、諸手船《もろたぶね》の神事があり、ここでは古い珍しい型のくり船二そうが出て競争をする行事であるが、そのさい天つ神の使とコトシロヌシの問答に擬したという祝言《しゅうげん》の問答を、カジ役と宮司とで行なうのである。もともと遠くから訪れる神の呪言と、これを伝える司祭の行事であったろう。

この二つの祭りは、ともに今では国譲りのコトシロヌシの故事に因《ちな》む行事であるとしているが、古くは海上から神霊を迎え、その呪言をきくというような神事であり、鴨のコトシロヌシとは関係がなかったと考えられる。ただこの美保の行事は、あまりにも古くから有名であったから、オオナムチの御子神としての美保の神（多分ミホススミ）が、オオナムチの神の意志を、美保の海辺の神事で、コトシロを通じて伝えるという話が多く知られていたのであろう。これを大和朝廷側で、有名な葛城の託宣神鴨のコトシロヌシのことと切りかえてしまい、国譲りの神話の舞台として持ってきたのであろう。その根底には、カモの神も、オオナムチの眷属神であるという前提が公認せられていたからではあるまいか。

アジスキの神話

鴨の神の中でも、コトシロヌシは、出雲には祀られなかったが、アジスキは出雲に崇拝や伝承が行なわれたことは注意してよい。『出雲国風土記』にも、この神の風土的伝承が少なからず記されているし、『延喜式』神名帳にも、数多くのその神の社が記されている。アジスキタコヒコネ、アジシキタカヒコネ、アジスキタカヒコなどといろいろな呼び名があるが、要するに農具の鋤を名とした神らしい。

『古事記』によると、この神は、オオナムチと宗像《むなかた》のタギリヒメとの間の子で、シタテルヒメの兄に当たる。その神の登場は、アメワカヒコの喪屋《もや》の場である。その筋はこうだ。タカミムスビとアマテラスは、最初アメノホヒを使として、オオナムチに派遣したが、ホヒはオオナムチに媚《こ》びつき、三年経っても何の返事もないので、今度は天津国玉神《あまつのくにたまがみ》の子アメワカヒコが遣わされた。これもシタテルヒメと婚し、八年も帰らない。ワカヒコのもとに雉《きじ》が使いにやらされる。雉は天つ神の命をワカヒコに伝えたが、アメノサグメがワカヒコをそそのかして、タカミムスビから授かった矢で雉を射殺させる。矢は雉の胸を射通し、そのまま天上に届いたが、タカミムスビがこれを投げ返すと、ワカヒコの寝ている胸もとに命中し、かれは死ぬ。妻のシタテルの泣き声が天まで届き、ワカヒコの妻子眷属みな天降り、悲しんで喪屋を作る。河鴈《かわかり》をキサリ持ち（意味不明）、鷺《さぎ》を掃持《ははきも》ち（箒《ほうき》を持って喪屋を清める役）、翠鳥《そにどり》をミケビト（死者に枕飯《まくらめし》などを供える役）とし、雀《すずめ》を臼女《うすめ》（臼《うす》で米をつく女）、雉を哭女《なきめ》（泣き女）とし、八日八夜の葬儀をし歌舞管弦を行なった。

このときアジスキが弔問《ちょうもん》にきたが、ワカヒコと顔が生き写しなので、ワカヒコの妻子たちは間違えて、手足にとりすがった。アジスキは穢《けが》れた死人と間違えられたといって怒り、剣で喪屋を切り伏せ、足で蹴飛ばした。かれが激怒して、飛び立つさまを、妹のシタテルが次の歌に歌った。

天《あめ》なるや　弟棚機《おとたなばた》の　うながせる　玉のみすまる　みすまるに　穴玉《あなたま》はや　み谷　二渡《ふたわた》らす　あぢしきたか　ひこねの神ぞや

この歌は夷振《ひなぶり》と呼ばれている。

以上であるが、『日本書紀』でも、ほぼ筋は同じである。鳥の諸役が多少違っている。この神の本拠は『延喜式』神名帳に見える大和国葛上郡《かつじょう》の高鴨阿治須岐詫彦根《たかかもあじすきたかひこね》神社であり、「出雲国造神賀詞」でも、「葛城のカモのカムナビに坐《いま》す神」としてこれを認めている。出雲意宇《おう》郡には、賀茂の神戸《かむべ》があり、この神の神領であったことが、『出雲国風土記』には記されている。今の安来市大塚の東部である。

『風土記』の仁多郡三沢郷の条では、この神が「みひげ八握《やつか》に生ふるまで夜昼哭《よるひるな》きまし」て、物言わなかった。父神オオナムチが御子の言葉が通じたと夢を見、覚めてから言葉をかけると、御子は「御津《みつ》」と言った。「どこの御津《みつ》か」とたずねると、御子は石川（石がたくさんある川）をわたり、坂の上まできて、「ここ」と言った。そのときその津の水沼《みぬま》で禊《みそ》ぎをした。出雲国造が神賀詞を奏上に朝廷に参向するとき、その水沼で禊ぎをすることが始まった。その故に、今でも産婦はこの村の稲を食べない。食べると生まれた児は物が言えなくなるという伝えが残っているからだと記されている。

水沼という語はいささか不明だが、折口信夫氏は、神賀詞にも「若水沼《わかみぬま》のいや若えにみ若えまし」のことばがあるのに注意し、ミヌマはミツマ、ミルメ、ミツハなどとも呼ばれる水の女神で、アジスキの禊ぎをさせるためにあらわれたものであると説いている（『古代研究』民俗学篇Ⅰ）。神門郡高岸郷の条では、この神が昼夜を分かたず泣いていたので、その地に高い家を造って住まわせ、高い梯子《はしご》を立てかけ、それを登り降りさせて養育した。そこで高い岸《きし》になぞらえ、高岸《たかぎし》と名づけたという。

ここで見ると、この神は一種の幼童神《ディヴァインチャイルド》――つねに童形の神――であったらしい節々が見える。その泣くさまは、スサノオが母のイザナミを慕い、ひげが胸さきに垂れるまで泣きに泣いたという話と似ている。私はこの神がこのような童形の神であることに対し、ニルスソンなどが数多くの例をあげた、古代のエーゲ海や小アジアなどの幼童神――ディオニソス、ヘルメス、クレータのゼウス、ザグレウスなど――の崇拝を思い出さざるを得ない。みな若々しい穀霊ないし豊饒霊《ほうじょう》の姿なのである。デルファイの有名な「箕運び《みはこ》の祭り」（リクノフォリア）では、ディオニソスは幼童の姿で、箕の中で育てられる存在である。この祭りはパルナソス山の上で行なわれる冬祭りで、巫女団ティアデスが、ディオニソスの眠りを呼び覚まし、ゆりかごの代わりに箕の中に入れ、生まれたばかりの赤児ディオニソスをあやし、これに授乳させ、炬火《たいまつ》をふって舞い踊ったのである。

幼童として守り育てるというのは、穀霊を生まれたばかりの新生児として扱い、いろいろと世話をやいて成長させるという呪術的意味で、これによって穀物の成育を実際に促進・保証させることができるという信仰である。スキートらが報じたマレイのセランゴール地方の収穫祭では、巫女が刈りとってきた稲束の中から稲魂《いなだま》の宿る七本の稲穂を抜き、これを籠に納め、これを新生児として寝かせ、主婦が産褥《さんじょく》のタブーを守るのである。

日本でも、諸国の古社に残る田遊《たあそび》や御田祭《おんださい》などの神事には、妊《はら》み女の登場、ヨナボ、太郎坊などと称する、赤児に擬した米袋、稲穂、人形、太鼓などの出産の擬態子守女の登場など、やはり穀童を守り育てる呪術儀礼が多い。アジスキも、同様な幼童神であり、これを守り育てる伝承は、実際の祭りの行事の内容であったのだろう。

『風土記』の前述の仁多郡三沢郷の条《くだ》りでは、最初母の神がその物言わぬ子を船に乗せて、八十島《やそじま》を巡り、これを慰めようとしたという。これもおそらく実際の神船の神事などが背景となっているのであろう。この神を高殿に乗せ、それに長い梯子をかけて登り降りして育てたというのも、そうである。

この神の名をタカヒコネ、妹をタカヒメ（別名シタテルヒメ）、その神社の地（大和）をタカカモ、またタカギシ（出雲）というように、この神のゆかりとして「高《たか》」という名がひんぱんに出てくるのは、おそらくこの神が、そうした高殿に祀られていたからであろう。私は、なんとなく、伊勢神宮の高床式の社殿、なかんずく正殿の前身の形であるとされている外宮御饌殿《みけでん》の、一木造りのきざみ御階《ぎょかい》を思い浮かべる。ここでは古来、内宮・外宮の祭神のため、大物忌《おおものいみ》（巫女）らが大御饌《おおみけ》を朝夕に運んで昇り降りするのである（『皇太神宮儀式帳』）。

このアジスキが物言わず終日泣き叫んでいたが、川で禊ぎをしたら言葉が通じたという伝えも、たぶん神事から出ている。三谷栄一氏は、これを新国造の世継式のときの「死と蘇生ないし再誕」の儀から出ていると考えている。つまり後継者は、いったん死んで新しい国造になるために物忌《ものいみ》をし、それから胎児・嬰児《えいじ》として誕生し、禊ぎをするのであるという(『日本神話の基盤』)、おもしろい考えである。が、しかしそれだけでは説明が不十分である。

国造は水神としてのアジスキの内性に即して、そうした物忌と禊ぎの行事を行なったのであろう。この神は後に述べるように、水神・蛇神でもあったらしい。『風土記』によると、この神の后《きさき》のアメノミカジヒメは、楯縫《たてぬい》郡多久村で石神タギツヒコを生んだ。この石神は旱《かん》天《てん》には雨乞いを祈ると効験があったという。

アメワカヒコと歌舞劇

アジスキの泣きいさちる(はげしく泣く)姿は、一面にこの祭りに、そうした行事があったことを反映している。後世でも、泣祭とか泣祇園《なきぎおん》などといった、泣く行事は諸処に残っている。葬式のまねをして、死んだ神を送り出す行事である。アジスキの号泣とその無言のさまは、その死をあらわし、その禊ぎによる発言は、復活を象徴したものであろう。

国造はこの神の原古の行為を模することによって、俗身を脱し、大死一番して、明《あき》つ神となることができたのであろう。記紀のアメワカヒコの華やかな歌物語は、じつはアジスキ神の祭りの聖劇の筋書《すじがき》であった。

アメワカヒコは、後世、平安から鎌倉・室町までのいろいろな物語に登場するアメワカミコと、おそらく同一の霊格である。『宇津保物語』のアメワカミコは天から降る美麗な童子で、音楽を好む妖精的な存在とされている。御伽草子《おとぎぞうし》の『天稚彦《あめのわかひこ》物語』では、人間の女性に妻問う存在であり、蛇体の存在とされている。ワカヒコ、ワカミコという語は、もともとは後世若宮、王子、御子神などとも呼ばれたひとつの社の主祭神の眷属神をあらわす語であり、また一面こうした祭神に仕える巫覡《ふげき》を指す語であった。『本朝月令《ほんちょうがつりょう》』に引いた山城の賀茂神社の縁起神話に、卜部《うらべ》伊吉若日子《いきのわかひこ》という人物が、卜占《ぼくせん》をし、それによって賀茂の葵祭《あおいまつり》の行事が始まったと伝えている。

この歌物語は、演劇的色彩が濃い。ヒナブリの歌も、『日本書紀』の一書の説では、アジスキのよそおいが華麗で、二つの丘と谷の間に照り映えたので、喪《も》に参会した人々が合唱したことになっている。葬礼の諸役を鳥たちが演じ、歌舞を行なったという話の背後にも、実際に鳥の姿に仮装した俳優たちの愉快な演技が思い浮かべられる。

土居光知氏は、この天若日子劇の母胎は、死んで復活する「穀神」ないし「太陽神」であったと推定し、古代オリエントやエーゲ海などの、同様な死んで復活する若い男神——タンムーズ、アドニス、アッティスなど——と比較し、ワカヒコが死んで、復活するという話が原型であろうと論じた（『古代伝説と文学』）。

私はさらに一歩進めて、ワカヒコは元来、アジスキの祭りの聖劇に演出される「死と復活」の主人公であること、ワカヒコが新嘗《にいなめ》の祭りの神床《かむどこ》で殺され、ワカヒコに似たアジスキがあらわれる話は、もともとワカヒコの復活したものがアジスキであることの訛伝《かでん》であると述べ、これを演劇として解釈することの妥当性を立証した（『日本神話と古代生活』）。山上伊豆母氏も、同様な見解を述べ、タカヒコ（アジスキ）は、結局ワカヒコの再生し、成長した姿で、同一神格をあらわすと説いている（『古代祭祀伝承の研究』）。

ワカヒコは『日本書紀』によると、新嘗の神床に寝ていたという。この新嘗の神床は、天皇の大嘗祭に、悠紀殿《ゆきでん》・主基殿《すきでん》の内陣に設けられた神座の御衾《おふすま》とも同様な趣意のものである。折口信夫氏は、これを復活のための物忌《ものいみ》の具と考えた（『古代研究』民俗学篇Ⅱ）が、おそらく正しい。新嘗の神床で、神が死ぬ話は、アマテラスの岩隠れの神話にも見える。この中にこもっている間が死の期間であり、これを脱すると復活するのであろう。返し矢の話は多分後に付加したエピソードにすぎまい。

こうした物忌の具が芸能化すると、能などで後ジテが異形身《いぎょうしん》に変ずるためにこもる「作り物」となる。『道成寺《どうじょうじ》』で、白拍子が鐘の中にこもって出てくると、蛇身に変わっている。折口氏が、「み谷二《ふた》わたらすあぢしきたかひこね」の意味を、蛇体の神の長大なさまを形容したものであるとしていることはおもしろい。もしそうならば、このワカヒコ劇は、後世の道成寺の能と似た、蛇体を現ずる複式劇であったのではないかと想像せられる。

この神話の原郷の母胎地は、いったいどこであろうか。土居光知氏は出雲であると考えたが、たしかに一理ある。『出雲国風土記』の出雲郡の条《くだ》りを見ると、アジスキ神を祀る阿受《あす》枳社《きのやしろ》が数多く記され、『延喜式』では、阿須伎神社およびその摂社として載せられる。この中で、天若日子神社が二社もあるのは、この話が、この地に定着していたことをあらわすようである。しかしこれ以上の証拠はない。ワカヒコの社はあっても、シタテルヒメの社は、出雲のどこにもない。

私はこの話の舞台は、まったく意外な地方、摂津・難波地方だと考えている。シタテルヒメの本拠地は、じつは難波であった。難波のヒメコソの社がこれである。『延喜式』に、摂津の東生郡比売許曽《ひめこそ》神社とある社であるが、同書の臨時祭式には、下照比売《したてるひめ》と号すと記され、祭神はシタテルヒメであることは明らかである。この女神は、『古事記』応神の巻に見える、新羅《しらぎ》王子アメノヒボコの妻で、夫からのがれ難波のヒメコソの神となったと記されている渡来系の蕃神《ばんしん》である。この女神は太陽象徴としての赤玉が化した女人と伝えられている。

またワカヒコをそそのかしたアメノサグメは、後世の昔話や伝説に出てくるアマンシャグ、アマノジャクなどと同じ存在であるが、『万葉集』巻三を見ると、摂津に岩船で天降ったと歌われている。

久方《ひさかた》の　天の探女《さぐめ》の　石船《いはふね》の　果てし高津は　あせにけるかも

また『続歌林良材集』所引の『摂津国風土記』に、「難波高津《なにわのたかつ》は、天稚彦天下《あめわかひこあまくだ》りし時、天稚彦に属《つ》きて下れる神、天の探女、磐舟《いわふね》に乗りて爰《ここ》に至る。天磐舟の泊《は》つる故を以て、高津と号す云々」と記される。『新撰姓氏録』を見ると、摂津に鴨部祝《かもべはふり》の名があり、『延喜式』神名帳でも摂津河辺郡に鴨神社の名が見え、摂津にカモ一族がいたことはたしかである。

たぶん、大和の葛城からアジスキの崇拝が、カモ一族によって摂津に伝えられ、摂津の渡来人系のヒメコソの神の崇拝と習合し、これにアメワカヒコやアメノサグメ、いろいろな鳥までが登場する民間の神楽《かぐら》の縁起譚の要素が加わり、その民間的な説話が、国譲り神話の一コマとして中央にとり上げられたのであろう。出雲での二ヵ処の天若日子社は、記紀神話よりの影響であろう。『風土記』には記されない。

アジスキの崇拝が出雲にも多いのは、この神が土佐などにも祀られていた(土佐神社)ように、カモ族の移動によるものであろう。これもオオナムチの信仰圏に包摂されて、その御子神とされるにいたった。摂津での舞台の話が、出雲の国譲りの説話に加えられたのは、私は七、八世紀のころであろうと考えている。これによって、舞台はいよいよスケールの大きなものとなっていったのである。

フツヌシの神話と物部氏

アメノホヒとアメワカヒコの二度の使が失敗した高天原では、いよいよ不退転の決意を固め、今度こそ抜き差しならぬ談判の役として、三度目の使者を送る。『古事記』では、この強面《こわもて》の役として、タケミカズチとアメノトリフネが選ばれたといい、『日本書紀』では、タケミカズチとフツヌシだとされる。

記紀では、タケミカズチばかりが主役を占め、トリフネやフツヌシは副将の役にすぎない。しかし、不思議なことに、出雲側の所伝では、第一の功績者であるはずのタケミカズチの名は見えない。むしろフツヌシだけ出ている。「出雲国造神賀詞」では、出雲臣らの祖先のヒナドリとフツヌシが、国譲りの交渉役である。これを見ると、フツヌシがこの交渉に一役を買ったということは、中央でも出雲側でも、両者で認めている伝えであり、これが本来的なものであろうと思われる。

フツヌシは、またワカフツヌシともいい、『出雲国風土記』では、オオナムチの子として語られ、各地で国巡りをしたり、狩をしたり、天《あめ》の石楯《いわだて》を造ったり、天の御田の長となっている。意宇郡、秋田郡、出雲郡と分布は広い。

この出雲のフツヌシと、国譲りの使のフツヌシとの関係について、多くの国学者は同名異人だと説明している。はたしてそうなのか。国譲りのフツヌシは、『古語拾遺』によると、中臣氏の氏神である下総《しもうさ》の香取神宮の祭神とされる。『日本書紀』では、斎主神《いわいぬしのかみ》という名で、香取の地に鎮座すると記される。香取神宮は、常陸の鹿島神宮とならんで、中臣の奉じる東国の神であった。

そうして見ると、出雲の国譲りにおけるタケミカズチとフツヌシの登場は、この二神を奉じる中臣氏の、この伝承における介入をあらわすように見えるが、問題はそう単純にはいかない。中臣氏の氏神としての香取の神以外にも、フツヌシを祀る社は、諸国に数多くあった。私見によれば、フツヌシという霊格そのものは、もともと中臣氏や出雲臣氏とは関係なく、中央の物部氏の奉じる霊剣フツノミタマの神格化なのである。

記紀の神武東征譚に、天上から投げ落とされて、熊野のタカクラジの手で、神武天皇に献上され、天皇の軍を蘇生させたという起死回生の霊剣がフツノミタマであり、これが石上《いそのかみ》神宮の神体となって、物部大連《もののべのおおむらじ》の家によってまつられる。『旧事本紀』では、この霊剣の神の名を、タケフツノ大神とかフツヌシノ剣ノ大神とか呼んでいる。

『肥前国風土記』を見ると、物部経津主之神《ふつぬしのかみ》を物部若宮部《わかみやべ》が社を建てて祀ったことが記される。物部氏とフツヌシとの結びつきは明白である。物部氏は、直木孝次郎氏も説いているように（「物部連に関する二、三の考察」『日本書紀研究』第二冊）、五、六世紀のころ、大和朝廷の軍事・警察方面を担当し、モノノフの軍団を率いて各地を征討した。そのさい「平国《くにむけの》剣《たち》」すなわち国家平定の呪宝として奉じていたのが、フツノミタマであり、これを神格化したのがフツヌシであった。

『旧事本紀』の中で、タカクラジに下された霊剣フツノミタマは、石上神宮にありといいながら、また常陸の鹿島神宮にもありと記し、矛盾した伝えのように見えるが、このフツノミタマはけっして、固有名詞ではなく、元来鎮魂《たまふり》の霊能を有する宝剣の普通名詞であり、いくつあってもよいものであった。物部氏は征討した地に、物部神社とかフツ神社、フツヌシ神社などを置き、物部氏の分族と部民とを残して、鎮めとした。全国にある式内社や郷名は、その名残りである（松前『日本神話の形成』）。

『日本書紀』の一書に、フツヌシが岐神《くなどのかみ》を案内とし、天下をわたり歩いて賊を平定したと伝える神話は、この物部氏の全国的な活動の神話化であろう。国譲り神話の中でも、フツヌシの活動を物語るのは、物部氏が実際にこの出雲の鎮定に一役を買ったことの反映なのである。『日本書紀』崇神紀を見ると、アメノヒナドリ以来の出雲国造家の神宝を、物部氏の一族のタケモロスミが、朝廷から派遣され、召し上げる話がある。また垂仁紀でも、出雲の神宝を検校《けんぎょう》するため、物部十千根《とちね》が派遣される話がある。崇神紀の話では、出雲臣の祖フルネが筑紫に出向いた留守に、弟のイイイリネが神宝を献上したため、フルネは弟の専断を怒り、これをヤムヤノ淵に誘って殺すのである。有名な真大刀《まだち》と木大刀《きだち》の闘いである。弟の真大刀を、兄が木大刀ととりかえ、真大刀で弟にいどみ、弟を切り殺すのである。このとき、時人《ときのひと》が、

やくもたつ　いづもたけるが　はけるたち　つづらさはまき　さ身なしに　あはれ

と歌ったという。

類話が、『古事記』の景行紀のヤマトタケルの出雲建《たける》退治にも語られ、歌も大同小異である。この真大刀・木大刀の争いは、私は多分出雲国造家の古い世継ぎのときに、行なわれた闘争劇であろうと思っている。オリエントや古代ヨーロッパの王権祭式にも、そんな行事があったことは、T・ガスターなども論じている。

しかし、ともかくその伝承の大綱《たいこう》としては、出雲国造の家伝の神宝を、朝廷がとり上げた

ことをめぐって、国造の一族内に紛争が生じたことが語られている。この争いの後、朝廷では軍を出して、出雲を制圧するのである。この紛争に物部氏が一役を買っているという伝えは、けっして架空の作り話ではない。たぶんいつのころか、それに近い史実があったのであろう。『日本書紀』に、オオナムチが平国《くにむけ》の広矛《ひろほこ》を天孫に献上して恭順を誓ったという説話も、この神話化であろう。

物部氏の氏神石上《いそのかみ》神宮の宝庫には、地方の諸豪族から徴収した、数々の神宝・兵仗《ひょうじょう》類があった。スサノオが大蛇を殺した剣も、この石上神宮にありと、『日本書紀』に記される。新羅王子アメノヒボコがもたらしたという出石《いずし》の八種の神宝を、垂仁天皇が召しあげようとしたという『日本書紀』の伝えにも窺われるように、朝廷では地方の土豪の神器をとりあげることによって、その神権の失墜を図ったわけであり、召しあげた神器を、物部氏に管理させたのである。これら土豪の征討・鎮定に一役を買って、モノノフの軍団を派遣したことが多かったからであろう。律令制下の天武三年（六七四）にはこれらの石上の神庫にある神宝を油でみがいて、もとの持主の家々に返還したという記録がある。

出雲に物部氏がたしかに存在していたことは、『出雲国風土記』や「出雲国大税賑給歴名《たいぜいしんごうれきみょう》帳《ちょう》」などに、出雲郡や神門郡に物部、物部臣などを名乗る人物が散見されることでもわかる。出雲のフツヌシ、ワカフツヌシの話は、物部氏の残したものである。ヒナドリとフツヌシの派遣による、オオナムチの国譲りの話は、朝廷から遣わされた物部氏のバックアップによる出雲臣一族の出雲西部の鎮定と、オオナムチ祭祀権の掌握の由来を、神話的に物語ったものである。この史的事実の記憶があまりにも出雲には残っていたから、国造の神賀詞にさえも、フツヌシの功績を無視するわけにはいかなかった。またこの神に関する国巡り伝承その他が『風土記』に多いことも、フツヌシの伝承の古さを暗示させる。またオオナムチの子とされたのは、外来神であったこの神を、オオナムチの崇拝が包摂した結果である。出雲に物部が入りこんだ時期はたぶん物部氏一族が、中央政界において軍事・警察などを掌って、権勢を張っていた、五世紀から六世紀にかけてのことであろうと思われる。

用明朝に（五八七年）、物部氏が蘇我氏のために滅ぼされ、中央政界から退いてから、地方の多くの物部の分族も、これにともなって没落・衰退し、奉じていたフツノミタマの祭祀なども、中臣氏などによって、奪われたのである。

タケミカズチの割りこみと中臣氏

タケミカズチは前に述べたように、中臣氏の氏神なのであるが、じつはこの神自体もフツヌシとまったく無関係とは言えない。『古事記』によれば、この神の別名をタケフツノ神、またはトヨフツノ神といい、いずれもフツノミタマをあらわす名である。事実、『旧事本紀』には、神剣フツノミタマは鹿島にもありと記され、現在も宝物殿に納められている。

タケミカズチも、国譲りのさい、出雲側のタケミナカタがその手をとると、剣に変じたといい、神武のタカクラジの話では、己れの代わりに、剣を投げおとしたといい、いずれも刀剣神らしい性格を残している。宣長はタケミカズチ・フツヌシの二神同体説を唱えた（『古

事記伝』）。私は、前著で、東国の鹿島・香取の二神が中臣氏の氏神とされるより以前、常陸

の信太《しだ》郡に物部氏が奉じていたフツノ大神の崇拝があり、七世紀以降、物部氏に替わって中

臣氏がこれを奉じ、二神に分化するにいたったものであろうと述べたものであるが（『日本

神話の形成』）、今でも変わらない。出雲のフツヌシも物部系から中臣系の香取の神に入れ替

わったのだ。

国譲りの舞台へタケミカズチが登場したのは、記紀特有の伝承で、出雲自体の伝承にはなかったものである。出雲には中臣氏も中臣部も存在していなかったし、タケミカズチの神社などは、もちろんなかった。出雲にこの神が赴いたことは、それこそ根も葉もない中央の創作である。この神の登場する神話は、七、八世紀ごろに中臣氏が中央政界にのしあがったということの反映であろうと、上田正昭氏は述べている（『日本古代国家成立史の研究』）が、私も賛成である。

タケミカズチの活躍は、『日本書紀』よりも、『古事記』のほうが誇大に物語っている。この神は、中臣の氏神であったと同時に、『古事記』の筆録に参与したと伝えられる太安万侶《おおのやすまろ》にも関係があった。この同族の多氏（太氏）は、常陸の鹿島神宮の祠官でもあった。『常陸国風土記』には、この氏族の祖先のクロサカノミコトやタケカシマノミコトの活躍を伝える。『古事記』のタケミカズチびいきの裏方にはこんな事情もあったと考えなければならない。

タケミカズチの登場する場は、つねにどこか不自然さを感じさせる箇処が多い。『古事

記』のこの神の誕生は、火神カグツチの首をイザナギが斬り、その血が岩に飛び散ったとき、生まれるのであるが、このとき同時に誕生する神々は、イワサク、ネサク、ミカハヤヒ、ヒハヤヒなどのような、相称的・対句的な二神であるのに、この神ばかりは、なんらの対偶神もともなわず、突如単独で、ものものしい別名とともに、まわりの調和を破って出現する。どう見ても、後からの挿入としか考えられない。

神武の東征での、タカクラジの話でのこの神の登場も、無理な筋立てが感じられる。天つ神がフツノミタマを下界に投げおとせば事足りたはずの話に、わざわざタケミカズチを登場させ、この神が自分の代わりに、剣を投げおとすことになっている。もともと物部氏の石上神宮の縁起譚であったものに、中臣氏の伝承を無理に割りこませたからに他ならないのである。

タケミカズチとタケミナカタ

タケミカズチがオオナムチと出雲の稲佐の浜で会い、国土の献上を承認させたとき、『古事記』によると、オオナムチの子で力の強いタケミナカタがやってきて、力競べをいどんだ。最初タケミナカタが相手の腕をつかむと、タケミカズチの手は氷や剣に変じた。驚いたタケミナカタの腕を、タケミカズチはつかんで、引き抜き、投げすててしまった。これはかなわぬと逃げ出すのを、はるばると信州の諏訪湖のほとりまで追いつめ、この地からいっさい外に出ないことを誓い、赦《ゆる》された。そこでタケミカズチは再び出雲に帰り、オオナムチを隠退させたという。あまりにも勝負があっけなくついた闘争譚である。

この話は『日本書紀』には見えない。もちろん出雲側の伝承にはあるはずはない。この話は、要するに、タケミカズチの神威を称揚《しょうよう》せんがために作り出された挿話なのである。負けた方の相手が諏訪神社の祭神であるのは、七、八世紀のころ、東国鎮撫のための要衝《ようしょう》であった諏訪の地の著名な武神タケミナカタを、引き合いに出して、中臣氏の武神タケミカズチの神威の方を、持ち上げるためであった。

この相撲の話は、おそらく諏訪にあった古い水の精霊の伝承が素材であろう。後世には、「河童《かっぱ》のわび証文」という伝説がこれである。河童が水中から出てきて、人に相撲をいどみ腕を引き抜かれ、二度といたずらはしないと誓って赦《ゆる》されるという話である。おそらく神事相撲の縁起として諏訪で語られており、それが宮中にとりこまれて、国譲りのタケミカズチとタケミナカタとの闘争の話にされたのであろう。原型は、諏訪の大神タケミナカタが、諏訪の地に乗りこんだとき、先住の水の精霊を打ち負かし、服従させる話であったのだろう。室町時代の『諏訪明神画詞』には、諏訪明神は、そんなにみじめな敗北者ではなく、堂々とその国に乗りこみ、手長《てなが》・足長《あしなが》の臣人や守矢《もりや》の神などを、征服する勝利者である。『古事記』の編者は、これをすりかえて敗北者とし、勝った方の神を、中臣のタケミカズチとしてしまった。負けたタケミナカタが二度と国外に出ないと誓って赦されたというのは、藤森栄一氏の説くように（『諏訪大社』）、諏訪大祝《おおはふり》が絶対に諏訪の国以外には出てはならないという古くからの家伝のタブーを、中央で逆に利用したのである。

こんな話までも出雲の海岸の国譲りに無理に持ってきたのを見ても、記紀の国譲りの神話の複合的性格、あるいは政治的性格がわかるであろう。この物語が、このようにふくれあがったのは、古い口承時代ではなく、七、八世紀の記紀編纂時代の文筆的産物なのである。しかし、もちろんこの骨子的なものは、前に述べたように、国造の神賀詞にも見られる。タケミナカタは登場しなくても、ヒナドリとフツヌシは、天降りして、オオナムチに国譲りをさせているのである。この舞台は、杵築の海岸であると伝えられたのであろう。

7　出雲土着の神々

国引き神話とオミズヌ

出雲の開闢《かいびゃく》神話ともいうべきものは、八束水臣津野命《やつかみずおみつぬのみこと》の国引き神話である。『出雲国風土記』の巻頭を飾る雄渾《ゆうこん》な神話であるが、その律文調は、古代の語部《かたりべ》の諷誦《ふうしょう》のさまをそのまま伝えている素朴な古拙《こせつ》さを残している。

意宇《おう》と名づくるゆゑは、国引きませる、八束水臣津野命《やつかみづおみつぬのみこと》、詔《の》りたまひしく、「八雲立《やくもた》つ出雲の国は、狭布《さの》の稚国《わかくに》なるかも。初国《はつくに》小さく作れり。かれつくり縫はな」と詔《の》りたまひて、「栲衾《たくぶすま》、新羅《しらぎ》の御埼《みさき》を、国の余りありやと見れば、国の余りあり」と詔りたまひて童女《をとめ》の胸鉏《むなすき》取らして、大魚《おふを》のきだ衝《つ》き別《わ》けて、はたすすき屠《ほふ》り別けて、三つよりの綱打ちかけて、霜つづらくるやくるやに、河船のもそろもそろに、国来国来《くにこくにこ》と引き来縫《きぬ》へる国は、こづのをりたえよりして、やほに杵築《きづき》の御埼《みさき》なり。かくて堅め立てし杭《かし》は、石《いは》見《み》の国と出雲の国との境なる、名は佐比売山《さひめやま》、是《これ》なり。亦《また》持ち引ける綱は、薗《その》の長浜是《これ》なり。また「北門《きたど》の佐伎《さき》の国を、国の余りありやと見れば、国の余りあり」と詔りたまひて、童女の胸鉏《むなすき》取らして、大魚のきだ衝き別けて、はたすすき屠り別けて、三つよりの綱打ちかけて、霜つづらくるやくるやに、河船のもそろもそろに、国来《くにこ》国来《くにこ》と引き来《き》縫《ぬ》へる国は、多久《たく》のをりたえよりして、狭田《さだ》の国是《これ》なり。……中略……持ち引ける綱は夜見島《よみのしま》なり。固め立てし杭《かし》は、伯耆《ははき》の国なる火神《ひのかみ》の岳是なり。「今は国引き訖《を》へつ」と詔りたまひて、意宇《おう》の杜《もり》に御《み》杖《つえ》衝《つ》き立てて、「意恵《おゑ》」と詔りたまひき。かれ意宇《おう》といふ。

最後に、いわゆる「意宇の杜《もり》」とは、郡家《こおりのみやけ》の東北の辺、田の中にある小山であるといい、その規模を述べている。

国引き神話に語られる杵築の御埼（現在の日御碕）

この話では、この神（『古事記』では、スサノオの四世の孫のオミズヌというのがこれに当たる。「八束水《やつかみず》」は、大水の意）が、最初にできた出雲国は狭すぎるといい、海のかなたを望み、国土の余った部分を見つけては、次々と大きな鋤で、土地に打ちつけ、これに太い綱をかけ、これを手繰りよせ、「国来《くにこ》い国来い」と呼びかけながら、引き寄せ継ぎ合わせて、伯耆《ほうき》、石見《いわみ》、出雲の多くの国ができたというのである。

いかにも鋤で土地を切り拓き、またモリやヤスで魚を突き、河船に曳いて、糧を得た古代人の生活が描き出されているようであるが、しかしそれにしても、この引き寄せた国土が、海外の新羅とか高志《こし》（北陸）の都都《つつ》（おそらく能登半島の珠洲《すず》）とかのような遠国からということになっているのは、海外の知識や北陸などとの交流が行なわれてからの産物であることをあらわしている。また武田祐吉氏の説くように（「国引の詞の考」『出雲国風土記の研究』）、これが意宇の杜を中心として、西、北、東の三方をながめわたした構想であり、これが究意に、意宇の郡名の由来を説いているので、意宇郡にいた出雲全体の支配者出雲国造の伝えたものだという考えかたにも妥当性があるが、また石母田正氏の述べられたように（『日本古代国家論』第二部）、最初の「「八雲立つ出雲の国は、……つくり縫はな」と詔りたまふ」までと、最後の部分の、「「今は国引き訖へつ」と詔りたまひて、……かれ意宇といふ」の文とを、もとひとつづきの意宇の地名由来譚と見、中間にある、国引きの詞章の部分は、これに後から割りこんだものであるとし、二者の語りごとの結合形が、現在の詞章であるとする考えかたは、より一段と深めた分析である。

また三谷栄一氏が、この国土の余りをくっつけてできた岬の名が、三穂の埼《さき》（美保関町）といって、「御埼《みさき》」と呼ばないのに対し、杵築《きづき》だけは「御碕《みさき》」と呼んで、「御《み》」をつけていることは、杵築の出雲大社の成立以後のものであることをあらわし、また国府の所在地である意宇からはもっとも遠い杵築の御碕（日御碕《ひのみさき》）からはじめて、島根半島を、西から東へと秋鹿《あいか》郡、島根郡と進んで、半島の美保碕に及ぶことには、杵築大社に奉仕する出雲国造家が、意宇から杵築に転居した後の政治思想をあらわしていると述べたことは（『日本神話の基盤』）、おもしろい着想である。いずれにしても、この物語全体に、出雲国造家の息がかなりかかっていることは、否定できないであろう。

松本信広氏が、この国土を、魚のきだ（顎《あご》）を突きさすように刺すという観想を、ポリネシアなどの、国土を魚に見立てて、これを釣りあげるという伝承と似た南方系の漁民の伝承であろうと論じたのは（『日本神話の研究』）、たしかに有力な説であるが、それにしても、最後的にまとめられ、整備されて現在のかたちになったのは、出雲国造の力が働いている。

このオミズヌがきわめて古い神格であると考えられることは、『出雲国風土記』の「八雲立つ出雲」の国号も、島根の地名も、みなこの神の命名に帰せられていることでもわかる。同書杵築郷の記事にも、オオナムチの杵築大社の造営よりずっと前に、オミズヌの国引きがあったと記されており、当時出雲国のかなり広い地域で、人口に膾炙《かいしゃ》された神話であったことを偲《しの》ばせる。

この神がスサノオの子孫であるという『古事記』の系譜は、現地の出雲とは無関係な、中央的理念の産物であろうが、『出雲国風土記』では、出雲郡伊努《いぬ》郷の伊努社の祭神アカブスマイヌオオスミヒコサワケがその御子神と伝え、またこの御子神の后が、アメノミカツヒメであると、同書の秋鹿郡伊農《いぬ》郷の条に伝えているのが、それらがかろうじて残っている現地の系譜である。水野祐氏が、この神を「水神として島根半島部に主として信仰圏をもち」とくに「漁撈生活を基盤とする水神信仰をもった人々」によって信仰されていた神であろうとされたことは（『出雲神話』）、たしかに、妥当性が強いと考えられる。

出雲の生成母神としてのカミムスビ

カミムスビは、記紀では、タカミムスビとならび、造化の三神のひとつであり、また宮中祭祀では、神祇官の西院にまつられる御巫《みかんなぎ》の八神のひとつであって、宮廷パンテオンの重要な位置を占める神であるが、じつはよく見ると、高天原系の神というよりは、出雲系の神としての色彩が強い。

この神は『古事記』の中でも、ほとんど出雲の神話に登場し、また御祖命《みおやのみこと》という称号を持ち、明らかに母神である。スサノオに殺されたオオゲツヒメの体から、いろいろな穀物が生えたとき、これをとって栽培したのも、この女神であり、またオオナムチを死から蘇生させたのも、この女神であった。

この女神は、どうやらもともと出雲固有の霊格であったらしく、後世出雲信仰圏が巨大化してくるにしたがって、あたかも高天原のタカミムスビの配偶神のようなかたちで、宮廷神話や宮廷祭祀に登場するようになったらしい。

この神は現地の『出雲国風土記』にさかんに出てくるし、また『延喜式』でも、神魂《かみむすび》という字をあてて、その多くの御子神とともに、各地で祀られている。出雲大社の瑞垣《みずがき》内の摂社である神魂御子《かみむすびのみこ》神社（後の筑紫社）とか、同じ摂社の神魂伊能知奴志《いのちぬし》（命主）神社など、その例である。式内社ではないが、意宇郡にあって、国造の旧斎館であったかといわれる神《かも》魂《す》神社（大庭《おおば》の大宮）なども、たぶんこの神の崇拝に関係があろう。

神魂神社の祭神は現在ではイザナミであるといわれ、古い社地と伝えられる神納《かんな》山《やま》をひかえ、イザナミの葬地「比婆山神陵《ひばのやま》」（記）の候補地とされている。社殿は出雲大社と反対の、いわゆる女造《めづくり》、千木《ちぎ》は女千木《めちぎ》（内そぎの千木）の、大社造《たいしゃづくり》様式で、女神を祭神とする特徴をそなえている。

「大庭《おおば》」とは、神聖な祭りの庭をあらわす名で、国造の古い館と斎場があったところだといわれる。後世までこの近くに国造の直系の千家・北島両家の別館があった。国造の世継ぎ式や古伝新嘗祭《こでんにいなめさい》などの重要神事もここで行なわれたのは、この地が国造家の本拠地だったからである。この社に古くから伝わる鉄釜は、昔、アメノホヒが乗って天降った乗物と伝えられ、古伝新嘗祭のときには、神魂社の宮司秋上《あきあげ》氏が、稲穂と瓶子《へいし》をかついで、釜のまわりをまわる、奇妙な神事がある。同様な釜は出雲大社にもあって、稲魂ウカノミタマの神体とされている。もともと稲魂のこもる新嘗の神饌を調理する聖なる釜で、生成の母神カミムスビの象徴でもあったのかもしれない。古代アイルランドの豊饒母神ケリドウェンが、神聖なる大釜を己れの象徴としていたのと似ている。

このカミムスビには数多くの御子神があったことが、『風土記』には記されるが、とくにキサガイヒメとウムガイヒメの二柱の貝の女神は有名で、『古事記』のオオナムチの神話にも出てくる。赤貝と蛤《はまぐり》の女神である。

ウムガイは、『風土記』の島根郡法吉郷《ほうきのさと》の条で、法吉鳥《ほきどり》（ウグイス）に化したという伝承があるし、キサガイの方は、有名な加賀《かか》の潜戸《くけど》の洞窟で、佐太大神《さだのおおかみ》を生む伝承がある。このカミムスビの神系が、ほぼ島根半島部にのみ分布し、社や口碑があることに注意すべきであろう。水野祐、倉塚曄子《あきこ》などの諸氏の説くように、この半島部に居住する海人の伝承であったのだろう。海や、海産物との結びつきも顕著である。

『古事記』の国譲りの神話で、隠退したオオナムチのため、ミナトの神の孫のクシヤタマが、鵜《う》に化して海にもぐり、海の藻で火鑽《ひき》り臼・杵を作って、火をきり出し、祭りをしたことが語られるが、そのときの唱えごとにも、「カミムスビノ御祖命《みおやのみこと》の天上の宮殿にまで、この火をたきあげて、海人のとったスズキを調理しましょう」という意味の詞《ことば》が述べられている。神魂《かもす》神社の鑽《きり》火《び》の神事も、古くはカミムスビと結びついたものではなかったろうか。

出雲大社の造営

出雲大社は、オオナムチの神殿であるが、この社殿の高大さは、古くからよほど著名であったと見え、記紀や『風土記』にみな大きく特筆されている。『古事記』では、その規模を、天つ神の御子（天皇）の宮殿と等しくするよう、オオナムチが要求したと語られ、『日本書紀』ではタカミムスビが、オオナムチに向かい、「汝の天の日隅宮《ひすみのみや》は、長い栲縄《たくなわ》を幾重にも結んで作り、柱を高く、板を広く厚くせよ」と命じ造らせたという。

これで見ると、記紀ではタカミムスビがこの造営にあずかったように見えるが、肝心の『風土記』ではどうであろうか。ここではタカミムスビではなく、出雲の祖神カミムスビがこの造営にあずかっていると伝えられている。同書楯縫《たてぬい》郡の条に、カミムスビの命令で、天上の宮殿の規模になぞらえ、杵築宮を造営したと記され、また同書出雲郡の条には、この造営奉仕のため、多くの神々が参集して築いたと記される。国譲りの話は一言も述べられていない。

『風土記』の伝承では、この造営は国譲りの功績とはされず、オミズヌの国引きの後のこととされていること、および社殿が「天皇の宮殿」になぞらえたのではなく、カミムスビの天上の宮殿になぞらえたとされていることが、特色である。この方がむしろ本来のかたちであろう。もとは国作りの大業を終えたオオナムチのために、カミムスビが神殿を築いたというのであろう。これが後に記紀に組みこまれて、オオナムチの国譲りの政治的条件という話となったのであろう。

『出雲国風土記』の楯縫郡の話では、カミムスビの子の天御鳥《あめのみとり》が楯部となり、カミムスビの命令によって、オオナムチのために、楯を作って献じたので、今にいたるまで、この地方で楯と桙《ほこ》を作り、大社に献納することになったと語っている。

『日本書紀』の国譲りの話でも、こうしたオオナムチの祭具について述べた箇処がある。「また汝がかよひて海に遊ぶ具《そなへ》のために、高橋・浮橋、および天鳥船《あめのとりふね》も作らむ。また天安河にも打橋造らむ。また百八十《ももあまりやそ》縫《ぬひ》の白楯《しらたて》造らむ。また汝が祭祀を主《つかさど》らむ者は、天穂日命《あめのほひのみこと》これなり」と記され、この神のため、橋や船や楯が造られ、祭祀が行なわれている。古代の出雲大社が、直接に海岸に接した高大な建物であり、その祭祀には、大きな浮橋や鳥形の神船なども用いられたことの反映であろう。けっしてたんなる架空の作り話とは思えない。この神の祭りに、天鳥船が使用されたことは、国譲りの神話に、天鳥船神が出てきたり、『風土記』の大社造営の話に、天御鳥が出てくるのと、おそらく無関係ではあるまい。いずれにしても、もともと海人系の祭具なのであろう。

出雲大社の社殿に関する記事は、他にも出てくる。『古事記』垂仁紀には、オオナムチが天皇の夢に現われ、「わが宮を天皇の御舎《みあらか》のように修理《つく》って呉れよ」と教えたといい、天皇は宮を造営したという。出雲大社は、実際に後世まで、壮大な建築で知られ、平安時代の『口遊《くちずさみ》』（九七〇年）の中に、「雲太、和二、京三」と歌われ、奈良の東大寺大仏殿、京の大極殿をしのぐ規模であるとされている。社伝では、上古は三十二丈、中古は十六丈、現在は八丈になったと伝えられ、古い金輪《かなわ》造営図《ぞうえいのず》を、残しており、本居宣長は『玉勝間《たまかつま》』に引用し

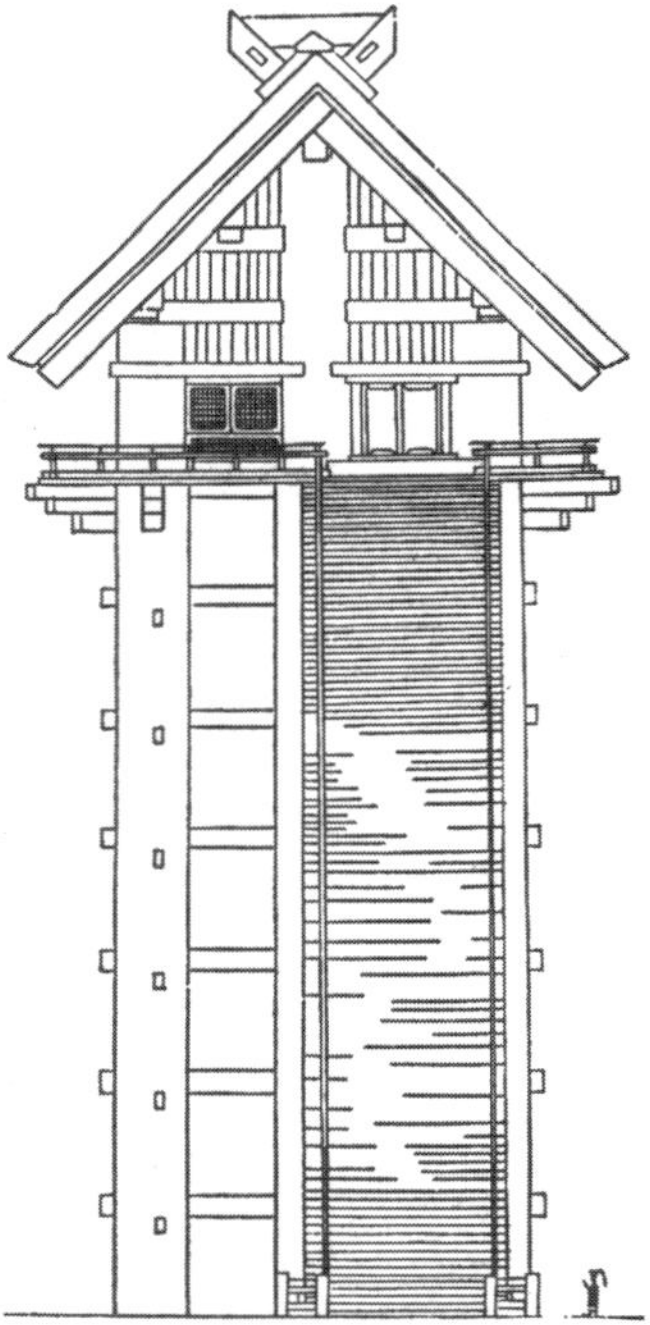
出雲大社神殿正面復原図〈福山敏男氏による〉

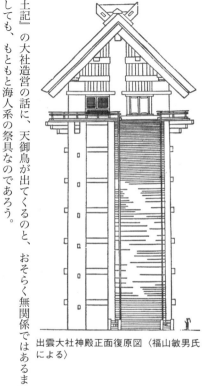

ている。三十二丈はともかくとして、十六丈（四十八メートル）くらいなら可能だとして、福山敏男氏が復原図を書いたのは有名である（右図参照）。

古代はこれほどではないにせよ、その高大さがよほど知られていたからこそ、古典にしばしばその造営の記事を語っているのである。鳥越憲三郎氏は、『古事記』の国譲りの段に大社造営のことが見えるのは、『古事記』編者たちの架空の創作にすぎず、実際に出雲にそうした大廈《たいか》（大建築）が造られたのは、この神話に基づいて、奈良時代に実際に建造されたのであると述べている（『出雲神話の成立』）。しかしこれはいささか本末を顚倒した考えである。古代人は何の根拠もないのに、そんな壮大な建築の神話をデッチあげることをするはずはない。むしろ壮大な社殿が現実にあればこそ、その由来話が繰りかえして語られるのだ。

『日本書紀』斉明五年（六五九）に、意宇郡のイフヤの社で不浄が発生し、天皇の御寿《みいのち》にかかわる凶事《まがごと》だと占《うら》なわれたので、朝廷であわてて厳《いつかしのかみ》神の宮を修復したという記事がある。古来これも大社の修理であると解せられてきたが、近年諸学者によって、この事件が意宇郡内のできごとだから、杵築の大社ではなく、意宇郡の熊野神社（式内熊野坐《くまのにます》神社）であるとする説が唱えられている。

しかし、記紀の古典記録に、神社の造営記事が記されているのは、出雲大社以外にはほとんどないこと、また神宮という名称は、伊勢、石上《いそのかみ》、および出雲（のちには大社と呼ばれたが古くは出雲大神宮と呼ばれた）の三つだけであることなどから、私はやはり出雲大社の修理の記事ではないかと、近年考えるにいたった。意宇郡にあった事件だから意宇郡の神社の

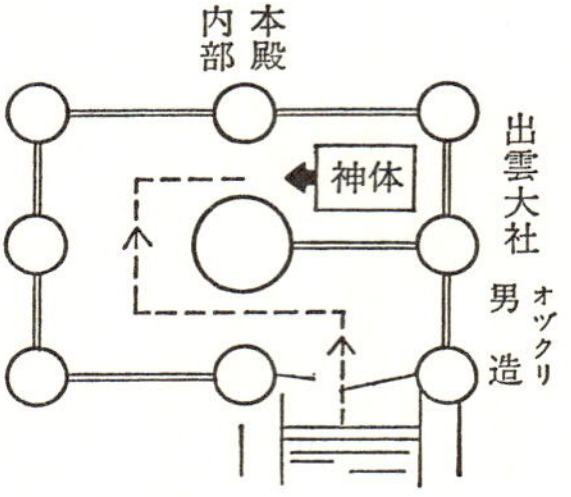

出雲大社の男造

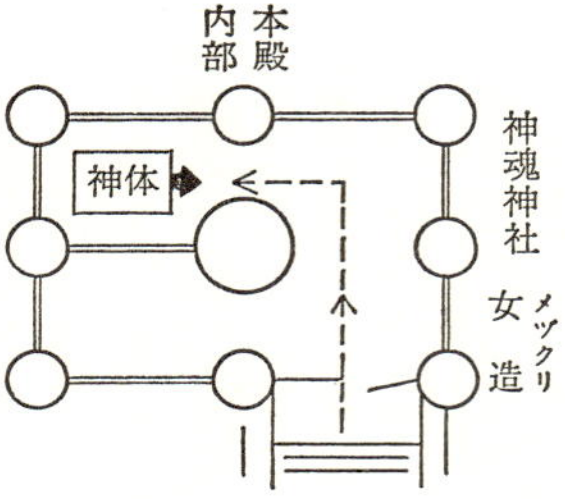

神魂神社の女造

祟《たた》りだと決めてしまえるものでもない。当時、遠隔の大和朝廷にとっては、意宇も杵築も、それほど大差はなかった。むしろ出雲国内におこった不吉の予兆として、出雲第一の大社である杵築の社のこととして考えた方が無難である。事実古典伝承では、オオナムチはしばしば祟るが、熊野の大神は一度も祟ったことはない。神社一般の社殿の成立は、渡辺保忠氏などによると、六世紀中葉から七世紀にかけてであるという（『伊勢と出雲』「日本の美術」3）。神話にも知られた出雲大社以外の出雲の社で、朝廷の費用で、大々的に修復をしなければならなかった社殿があったとは思えない。

　この出雲大社の大社造りは、古代の住宅建築の様式から発達したものではないかといわれている。妻入りの正面入口から入って、ぐるりと横に中央の柱（岩根柱とも心の柱ともいう）をまわって、奥の神座を拝するかたちである。古典に、天皇の宮殿を模したといい、また天上の神の宮居を模したというが、おそらくその特殊性から考えて、出雲の古代豪族などの居宅から発達したのであろう。

一般に、出雲の大社造りの様式には、男《お》造りと女《め》造りの二種があるといわれる。前者は出雲大社のそれで、妻入りの正面から入って、左にまわり、中央柱から右にまわって、奥の内院にある神座（東向き）を拝する。後者は同じ正面から入り、そのまま真直ぐ奥に入って、突き当たると、左に進む。そして西向きの神座を拝するという神魂《かもす》神社の形式である。

神魂神社は、家の乾《いぬい》（西北）に神をまつる古い信仰から出ていると思われる。神魂神社がもし前に述べたように、カミムスビをまつる社であったとすれば、この女神の天上の宮居を模したといわれる出雲大社そのものも、古くは同じ女造りではなかったかとも考えられるのである。

佐太大神《さだのおおかみ》の誕生

加賀《かか》の潜戸《くけど》は、松江市の北方二十数キロの加賀の浜から突き出た岬（『風土記』の神埼）にある海岸洞穴で、これが『風土記』にいう加賀の窟《いわや》である。この岬のことを、今「潜戸《くけど》の鼻《はな》」と呼んでいて、この北側に「新潜戸」があり、ここが佐太大神が誕生した窟であると伝えられ、南側に、「旧潜戸」があって、賽《さい》の河原があり、石地蔵があって、沢山の小石が積まれている。

佐太大神が誕生したという新潜戸は、三つの出入口があり、海水が通じ、船が中を通り抜けられる一大洞門である。内には産《うぶ》タライ、産棚《うぶだな》、乳房などといわれる、さまざまな岩が立ち、大神誕生の場としてふさわしい。『風土記』によると、カミムスビの子のキサガイヒメが、御子をここで産むにあたり、弓矢がどこにか見えなくなったので、「わが子がもしマスラ神（雄々しい男神）の御子ならば、失った弓矢よ出て来よ」と祈った。

するると角の弓矢が流れてきたが、生まれた御子は「これではない」と投げすてた。次に金の弓矢が流れてきたので、これを取りあげ、「くらき窟《いわや》なるかも」といい、奥を射通した。そこでこの母神のキサガイがここに祀られていて、今でもこの窟の付近を船で通りすぎるとき、かならず大声をあげていかなければならない。こっそりといくと、神が強風をおこし、船をひっくりかえすという。

この神話の意味は、いささか不明であるが、『古事記』や『山城国風土記逸文』などに見える、丹塗矢《にぬりの》の神婚説話と同様の、神婚説話の変形したものであろう。金の弓矢になって流れてきたのは、この御子の父神で、おそらく太陽の神であろう。金の弓矢を持つ神が、太陽神であることは、ギリシアのアポロンをはじめ世界的な信仰である。また実際のこの神の祭りには、そうした呪具を使用したのであろう。この出産の場であるこの窟は、同時に聖婚の秘事の場でもあり、したがって厳重なタブーが守られていたのであろう。窟の中に、そうした女神、ことに赤貝の母神がまつられ、その奥を、弓矢で射通すということ自体、一種の性的神事を思い浮かべさせられる。

洞窟を母神の胎内と見、その入口を女陰に見たてる信仰は、世界的に広く、また旧石器以来の信仰であることは、レーヴィ女史なども論じるところであるが、日本でも有名な富士の人穴や、江の島の弁天窟などにも例がある。人穴のことを、別名「女人開門濡洞《にょにんかいもん》」といったり、弁天窟のことを、一名「秘門窟」といったりするのも、この思想をあらわしている（伊藤堅吉『いんよう石』）。神話の天石屋《あめのいわや》が、同様な性的シンボリズムをともなったものであることは、すでに江戸時代の狂歌・川柳にも知られている。

たぶんこの加賀の窟では、古くは年々神婚と神の御子の出産をあらわす秘儀が行なわれ、そのさい、弓矢の行事もなされたと考えられる。

神の誕生の場としての新潜戸と、仏教化した賽《さい》の河原のある旧潜戸はあまりにも対照的であるが、後者の方はもしかすると、「神の死と送葬の場」であったのかもしれない。石塚尊俊氏によると、この八束《やつか》郡加賀の村はずれの海岸からは、人骨がぞくぞく出、それは昔は人が死ねば村はずれの海浜などに捨てたものらしい。この付近一帯の海岸集落には、両墓制が行なわれていた。

島根半島部の海岸には、南岸のサルガ鼻洞窟、西の猪目《いのめ》洞窟（『風土記』の黄泉《よみ》の穴）のように、縄文時代からの葬地であったと思われる洞穴があり、土器、石器、骨器なども出、人骨も出ているものがある。旧潜戸もはたしてそうだったかどうかはわからないが、神の送葬の場であったという可能性は、有り得ると考えられる。

佐太大神の社

佐太《さだ》大神を祀る社は加賀とは相当離れた、南の松江市の郊外佐陀宮内にある。『風土記』の佐太御子社、『延喜式』の佐陀神社がこれである。ここは『風土記』の秋鹿《あいか》郡の条に出てくる神名火山《かんなびやま》、すなわち現在の朝日山の山麓にあったといわれ、今は本殿は三殿併立の立派な大社造の建物である。現在の社伝では、佐太大神、アマテラス、スサノオその他の祭神を祀るというが、たぶん古くは佐太の御子神とその父母の三神であったにちがいない。この神体山を朝日山といい、後世の伝えながらアマテラスを祭神の一人に加えているのは、加賀の潜戸での金の弓矢の話にも見られるように、その神の太陽神的性格をあらわしている。

この社の祭りで有名なものは、旧十月、今は十一月の神在祭《かみあり》、俗にいうお忌《い》みさんである。この日は、八百万《やおよろず》の神々が全国からこの社に集まるというのであるが、もともとは神名火山に鎮まる神霊を、春に迎えるとともに、秋の終わりに山に再び送り返す行事であったらしい。この忌ごもりの終わりの十一月二十五日の夜半に、カラサデという神送りの神事がある。今は、社の西北にある神目山《かんのめやま》に、神職一同で登り、眼下のイザナギ浜を見下しながら、山中の池で舟出式を行ない、一同梅の枝で「お立ちお立ち」といい、地を打つという。この神在祭のころに、近くの海岸に打ちあげられる一種の海蛇のことを、土地の人は龍蛇様といい、龍宮の使であると信じ、これを拾いあげて、曲物《まげもの》に入れ、神社に納めるという。この行事に因《ちな》んで、有名な佐陀神能の曲「大社」があり、毎年九月の祭礼に奉納される。

この佐太大神とならんで、『出雲国風土記』で大神と呼ばれているのは、ほかには熊野、杵築、および野城《のぎ》の三神がある。この四神がなぜスサノオ、オミズヌ、カミムスビなどの古い霊格にもつけられない「大神」という称号を得ているのかは、よくわからないが、私はたぶんこれらはみな国造家の奉斎神なのであろうと考えている。

熊野、杵築両社と国造との関係は問題ないが、野城社は『風土記』の意宇郡野城駅家《うまや》、現在の安来市能義町の能義神社がこれだといわれる。この神は、国造の祖先のアメノホヒだとされており、鈴木重胤《しげたね》以来、定説に近いものにまでなった。佐太大神の祖母がカミムスビ、母がキサガイであるとすれば、カミムスビを祀ったらしい神魂《かもす》神社との関係が偲ばれる。もしかすると、これにも国造家との結びつきがなかったとはいえない。

佐陀神社は、中世に入っても社領は広大で、出雲大社に次いでいた。全国の神々が神在月《かみありづき》（他では神無月）に、この社と出雲大社の二社に集まるという、中世以降の信仰も、古くはこの社が、出雲大社とならんで、国造家にゆかりの深い神であったからであろう。

まとめ――私の出雲神話論

今まで述べてきたところを、最後にもう一度ふりかえって箇条書きに論旨を要約し、私の出雲神話論のまとめとしたい。

(1)出雲神話には虚像と実像とがある。前者は記紀における出雲を舞台とする説話群であり、後者は『出雲国風土記』に記された出雲の風土伝承すなわち原出雲神話である。

(2)虚像としての出雲神話は、出雲以外の多くの地の国つ神をもこの神系に含む、全国的なスケールのものであり、また高天原の天つ神に対立する葦原の国の国つ神の世界という理念的産物である。実像としての原出雲神話は、素朴な風土伝承で、そうした理念は見られない。

(3)虚像は、大和朝廷側の理念・構想に基づくものであるが、その成立事情については、諸説があり、どれも多少の真実性を含むが、とくに巫覡《ふげき》信仰が、もっとも有力、かつ効果的な説明である。

(4)出雲が政治・文化において、大和と対立するほどの地域であったとする証拠はなにもない。巫覡の徒のセンターであり、その長としての出雲臣族（出雲国造一族）の支配する宗教王国であったらしい。虚像としての出雲世界も、大和朝廷から見た出雲信仰圏にほかならない。

(5)出雲神話を宮廷に持ちこみ、天孫降臨の前提としての役割をはたすようにした直接の動機は、出雲国造らの創《はじ》めた神賀詞奏上式であり、その出血的奉仕によって、オオナムチの神徳と、これを鎮め祭ったアメノホヒの功績を強引《ごういん》に売りこんだことによる。

(6)スサノオにも、虚像と実像とがある。虚像は高天原に反抗する巨魔的な役割を持ち、実像は出雲や紀伊などの民間の豊饒神《ほうじょうしん》・文化神である。前者は、七、八世紀の宮廷側の創作であり、後者が古い原像である。

(7)八岐大蛇の神話は、もと出雲地方の土俗であった蛇神の祭祀に、世界大の人身御供譚《ひとみごくうたん》や鍛冶部《かぬちべ》の伝承などが結びついて、できあがったものである。

(8)スサノオの名は『出雲国風土記』に見えるように、地名のスサから出ているが、その本来の原郷は、出雲のスサではなく、紀伊のスサである。この神は、もと紀伊の漁民の奉ずる、海のかなたの根の国から舟で来臨する豊饒神であった。

(9)これを奉じる海人《あま》や巫覡《ふげき》の徒が、出雲に運び、各地にその崇拝や伝承をもたらした。

(10)スサノオの民間における広汎な人気を、朝廷では無視できず、皇祖神の弟としたてたが、他面この人気を恐れ、宮廷の祭祀神話の邪霊役にしたてた。

(11)オオナムチは、もと出雲土着の豊饒神・農神・漁撈神であったが、後にスクナヒコナとともに、医療・禁厭《まじない》・霊酒・温泉などの神として、巫覡団にまつられ、その崇拝は、洞窟や岩石と結びついて、全国各地に広まり、多くの国つ神の祭祀を包摂し、その眷属神とした。

(12)オオナムチの『古事記』の物語は、巫覡団とその長のイニシエーションの縁起譚である。

(13)スサノオとオオナムチの親子関係（紀）ないし子孫関係（記）などは、宮廷側の創作で、出雲現地では知らぬことであるが、スセリヒメによる婚姻関係は、『風土記』にもあり、スサノオ、オオナムチ二神の司祭団の結合・合盟をあらわしている。

(14)出雲の国譲り神話は、出雲国内の鎮定・統一の史実を反映させている。その中核は、四世紀末の河内王朝時代より大和朝廷に服属していた出雲臣一族が、物部氏などの朝廷側貴族のバックアップにより、本拠地の意宇地方から西部に進出し、この地を制圧して、オオナムチの祭祀権を握ったことの史実である。これは六世紀ごろであろう。

(15)したがって本来の国譲り伝承は、出雲臣の祖アメノホヒが、物部氏のフツヌシの協力を得て、オオナムチを杵築に鎮め祭ったという、大社の鎮座縁起であった。

(16)出雲大社のもっとも古い造営伝承としては、『出雲国風土記』にあるもので、ここではカミムスビがオオナムチの国作りの功績をたたえ、神々に命じて造らせたと語り、国譲りは含まれない。海人の伝承である。

(17)タケミカズチの登場は、中臣氏が朝廷に実権を得た七、八世紀の政治的産物で、出雲と実際の関係はない。この神の割りこみにより、ホヒの功績は抹殺され、物部のフツヌシは、中臣氏の香取のフツヌシに切り換えられた。

(18)国譲り神話に、ミワ、カモ、スワなどの遠国の地方神が登場し、オオナムチの眷属神とされたのは、かならずしも中央の政治的創作とばかり決められない。「出雲国造神賀詞」にもあるからである。七、八世紀ごろの出雲宗教の急激な拡布に求めるべきである。

(19)『出雲国風土記』の神々やその口碑伝承は、国引き神話や、佐太大神の神話のような、素朴な、農・漁民の伝承が多く、記紀に出てくる霊格ですら、『風土記』では、平和で土臭い霊格として描かれている。これが本来の原像である。

以上であるが、なお『風土記』の細部の問題などについては、今後の考究に待ちたいと考えている。

参考文献

出雲神話に関する参考文献は、枚挙にいとまがない。記紀、風土記、祝詞などの古典の注釈書、文献考証の諸論文は、古くは賀茂《かもの》真淵《まぶち》、本居宣長《もとおりのりなが》、伴信友《ばんのぶとも》、鈴木重胤《しげたね》などの国文学者のものから、近代の注釈書、論文まであげたてるとたいへんなことになる。また広く日本神話一般を扱ったり、神話学的原理・法則の追求や、外国神話との比較研究を扱うものまでも、参考資料としてあげると、これもきりのないことになる。日本の古代史一般や考古学一般の知識を支える論文や著述でも同様である。

ここでは、範囲をできるだけ限定して、出雲神話そのものを知るための最少の書目で、私が本書を書くのに直接・間接に引用、ないし参照したもの若干を選び、掲げることにした。また注釈書にしても、記紀は省き、『出雲国風土記』だけに限定し、神話学一般を扱ったものでも、出雲神話にとくに大きなウェイトを置いているものだけに限定した。古代史、考古学の場合も同様である。

『出雲国風土記』の注釈・研究書

秋本吉郎『風土記』（昭和三三年、岩波書店、日本古典文学大系）
久松潜一『風土記』下（昭和三五年、朝日新聞社、日本古典全書）

加藤義成『出雲国風土記参究』（昭和三二年、原書房）
栗田寛『標注古風土記』（明治三二年、大日本図書）
後藤蔵四郎『出雲国風土記考証』（大正一五年、大岡山書店）
石母田正『日本古代国家論』第二部（昭和四八年、岩波書店）
平泉澄監修『出雲国風土記の研究』（昭和二八年、出雲大社）
水野祐『出雲国風土記論攷』（昭和四〇年、早稲田大学古代史研究会）
神道学会『出雲神道の研究』（昭和四三年、神道学会）

日本神話関係（比較的出雲神話に多くふれているものに限る）

青木紀元『日本神話の基礎的研究』（昭和四五年、風間書房）
上田正昭『日本神話』（昭和四五年、岩波書店）
岡田精司『古代王権の祭祀と神話』（昭和四五年、塙書房）
折口信夫『古代研究』一〜三（昭和四〜五年、大岡山書店／昭和四〇年、中央公論社再刊）
上山春平『神々の体系』（昭和四七年、中央公論社）、『続・神々の体系』（昭和五〇年、同上）
大林太良『日本神話の起源』（昭和三六年、角川書店）、『稲作の神話』（昭和四八年、弘文堂）
伊藤清司編『出雲神話』「シンポジウム「日本の神話」3」（昭和四八年、学生社）

倉野憲司『日本神話』（昭和二七年、河出書房）
高木敏雄『日本神話伝説の研究』（大正一四年、岡書院、昭和四八～四九年、平凡社再刊
　東洋文庫全2冊）
次田真幸『日本神話の構成』（昭和四八年、明治書院）
津田左右吉『日本古典の研究』（昭和二三年、岩波書店）
高崎正秀『文学以前』（昭和三三年、桜楓社出版）
土居光知『古代伝説と文学』（昭和三五年、岩波書店）
西郷信綱『古事記の世界』（昭和四二年、岩波書店）、『古事記の研究』（昭和四八年、未来
　社）
西田長男『日本宗教思想史の研究』（昭和三一年、理想社）
肥後和男『日本神話研究』、『古代伝承研究』（昭和一三年、河出書房）
松村武雄『日本神話の研究』全4冊（昭和二九～三三年、培風館）
松前健『日本神話の形成』（昭和四五年、塙書房）、『日本神話と古代生活』（昭和四五年、有
　精堂出版）、『神々の系譜』（昭和四七年、ＰＨＰ研究所／平成二八年、吉川弘文館再刊）、
　『日本の神々』（昭和四九年、中央公論社／平成二八年、講談社再刊）
松本信広『日本神話の研究』（昭和四六年、平凡社再刊、東洋文庫）
吉田敦彦『日本神話と印欧神話』（昭和四九年、弘文堂）
三品彰英『建国神話の諸問題』（昭和四六年、平凡社）

三谷栄一『日本神話の基盤』(昭和四九年、塙書房)
守屋俊彦『記紀神話論考』(昭和四八年、雄山閣)
山上伊豆母『古代祭祀伝承の研究』(昭和四八年、雄山閣)

出雲神話・出雲文化財関係

上田正昭『出雲の神話』(昭和四〇年、淡交新社)
井上実『出雲神話の原像』(昭和四七年、三省堂)
千家尊統『出雲大社』(昭和四三年、学生社)
肥後和男『風土記抄』(昭和一七年、弘文堂)
鳥越憲三郎『出雲神話の成立』(昭和四一年、創元社/改題『出雲神話の誕生』平成一八年、講談社再刊)
水野祐『古代の出雲』(昭和四七年、吉川弘文館)、『出雲神話』(昭和四七年、八雲書房)
石塚尊俊『島根路の文化財』(昭和四六年、島根県文化財愛護協会)
石塚尊俊・近藤正『出雲文化財散歩』(昭和四八年、学生社)
池田満雄・東森市良『出雲の国』(昭和四八年、学生社)
島根県教育委員会編『島根の文化財』第三集(昭和三八年、島根県教育委員会)、『島根県文化財調査報告書』第五集(昭和四三年、同教育委員会)

解説

三浦佑之

松前健はきわめて稀有な神話学者だと思う。将来はわからないが、少なくとも今までには松前に比肩できる学者はいなかった。

ふつう、神話学者というのは基盤をなす学問分野がはっきりしており、日本神話を論じる場合、ひとつの王道は文化人類学あるいは比較神話学的な立場からの考察である。かれらは、世界のさまざまな地域の神話との比較分析を通して日本の神話を論じる。それに対してもうひとつの王道には、国文学や民俗学の視座を通して日本の神話を考えようとする立場がある。比較という視点よりも、神話の構造や表現あるいは伝承者の問題、国家とのかかわりなどを論じる方向に向かう。それ以外にも、宗教学や歴史学に基盤をもつ研究者による神話研究も多くの成果をもたらし、哲学や倫理学あるいは臨床心理学などからなされる研究もあり、近年では遺伝子研究が神話の伝播に関する研究に寄与するなど、神話に対するアプローチはきわめて多彩で、多くの論考が発表されてきた。それは、対象となる素材としての神話が、あらゆる方面からの分析に堪えうる魅力と、いくつもの課題解決のためのヒントを与えてくれる可能性を秘めているからだと言ってよい。

そうしたなかでほとんどの研究者は、みずからの出自を逸脱することはなく、それぞれの立場を踏まえて研究を展開させる。ところが、松前健という学者は、ひとつの拠り所というようなものに端《はな》から閉じこもろうとしていないという点で、稀有な神話学者なのである。晩年の折口信夫に師事したという出発点を知ると、国文学や民俗学を基盤とするようにみえるが、折口に教えを受ける以前にすでに神話への関心を持ち、その時代には入手しにくかった欧米の神話学や文化人類学に関する書物を原書によって読み漁っていたという。それは誰かの指導を受けてというのではなく独学だったのだが、出発点からすでに、日本の神話研究のなかでは対立的にあるようにみえる国文学・民俗学的な立場と、比較神話学・文化人類学的な立場とを融合させながら日本神話に向き合おうとしていたという点で、類まれな存在となったのである。

その後、師事した折口が没したために宗教学者として名高い西田長男の研究室に属して研究を進め、宗教学的な手法をも身に付けて学際性を広げ、『日本神話の新研究』（桜楓社、一九六〇年）でデビューを果たしたのが、著者三八歳の時であった。この著書で、日本宗教学会の主宰する姉崎記念賞を受賞した松前は、三品彰英・岡正雄・石田英一郎らから高い評価を受けることになり、それを奇縁として京都に居を移して本格的に神話研究に専念する環境を得ることができるようになった、と自伝のなかで回想している（『ある神話学者の半生記――戦場の死線と戦後の苦闘を越えて』近代文芸社、一九九二年）。

松前のように、広い視野をもち自在に発想しながら自己の立場を歯切れよく主張する研究者は、学閥や専門性の枠組みに縛られた研究者からは煙たがられ遠ざけられてしまう。それは旧弊な学問の世界ではめずらしいことではなかったと思うが、本人としては無念な都落ちの念を抱いていたようにもみえる。神話構造として言えば、それは、少年英雄の成長譚に不可欠な苦難と遍歴としてあったわけで、松前の京都への移動はまさに飛躍のために準備された場であったと言えるだろう。

京都に居を移した一九六九年以降の松前は、三品らから厚遇されて多くの研究者と交流することになる。そのなかでもとくに上田正昭や岡田精司ら歴史学者との出会いによって、津田左右吉以来の伝統をもつ国家史のなかで神話を考えるという歴史学的な研究分野と接触して、松前の神話研究の枠組みはまたひとつ広がることになった。加えて、一九七六年から一年間、インディアナ大学の客員教授としてアメリカに滞在し比較神話学的な知見を深めたことも、唯一無二の神話学者が出現する上で大きな後ろ楯となる。

本書『出雲神話』は、一九七六年七月、アメリカに出発する直前に講談社現代新書の一冊として刊行された。一般的な啓蒙書であるがゆえに、出雲神話に対する松前の考え方がわかりやすく論じられている。その内容は、学位請求論文ともなった初期の代表作『日本神話の形成』（塙書房、一九七〇年）に収められた緒論を踏まえたもので、松前神話学の立場が鮮明に浮かび上がる。

日本の神話研究は、『古事記』や『日本書紀』および現存する諸国『風土記』がおもな対象であることもあって、漢文によって記述された国家神話の研究という性格をつよく帯びることになる。そのなかでもことに出雲神話は魅力的な研究対象として、さまざまに議論されてきたし、今後も続くはずだ。そしてそこでは当然、出雲とヤマト(倭・大和)との関係をどのように位置づけるか、『古事記』と『出雲国風土記』とのあいだに見いだせる相違と共通性をどのように把握するかなど、いくつもの大きな課題が横たわる。その出雲神話に対して松前は、比較神話学的な視点、民俗学的視点、宗教学的視点、歴史学的な視点など、あらゆる方面から解析を加え、その背景を説明してみせた、それが本書である。

全体の内容については、著者本人が本書末尾(一九一頁以下)の「まとめ」に一九項目にわたって整理しており、わたしが下手に紹介するのは避けたい。もっとも肝要な点は、『古事記』や『日本書紀』に描かれた出雲と大和との関係は、大和朝廷側の理念・構想によって作られたもので、出雲には大和に拮抗・対立するような勢力があったという何らの証拠もなく、そこに描かれているのは「虚像」としての出雲であるという主張である。ただ、宍道湖《しんじこ》を挟んだ東の勢力が大和朝廷から国造《くにのみやつこ》の地位を与えられ、西の勢力を倒してオオナムチの祭祀権を手に入れるという歴史上の事実があり、それがいわゆる国譲り神話の背景になっているという歴史学の成果に与《くみ》しつつ、出雲の実像は『出雲国風土記』に描かれた神々とその伝承のなかに見いだすことができ、スサノオやオオナムチには民間に信仰されていた痕跡が認められ、巫覡《ふげき》集団によって祀られていたと考えなければならないということを強調する。そこから組み立てられた松前の大きな見通しは、次のように整理されている。

出雲は、けっして畿内、大和より古い文化の母胎でもなければ、大和朝廷の成立以前に栄えていた「出雲朝廷」の根拠地でもなかった。七、八世紀のころ、医療・禁厭の法や託宣などを、各地に持ち伝えたシャマニズム風の民間宗教の、いわば本源地・中心地であって、出雲大社はその総本山・総本社というべきものであったのであろう。（四八頁）

それぞれの神話に向けられた比較神話学的な分析や資料間の読み解き、スサノオと海人集団とのつながりなど、魅力的ないくつもの指摘は本文にゆずるとして、本書にみられる松前の「出雲神話」論の独自性は、「実像としての素朴な出雲から、記紀の壮大な理念的出雲世界への飛躍には、大きな媒介物」があり、「それは出雲王国が持つ特殊な呪術・宗教的権威に対する、中央貴族たちの畏怖《いふ》の感情であり、またその威力の根源をなす出雲巫覡の宗教であった」（四四頁）という点である。

実態的な統治勢力を否定しつつ「宗教王国」と呼ぶ祭祀集団を想定する認識は、まさに松前の神話研究の真骨頂であり、それは視野狭窄に陥りがちなセクト主義の対岸にいたからこそ可能になった認識だということができる。そうした多角的な視野こそが、時代を越えることができたのではないか。というのは、本書が発表されたのは一九七六年であり、出雲神話研究としては旧時代に属している。神話に限らず出雲についての研究は、一九八〇年代を境として新旧の二期に分割せざるをえないのである。というのは、一九八四年の荒神谷《こうじんだに》遺跡（出雲市斐川町）、一九九六年の加茂岩倉遺跡（雲南市加茂町）、二〇〇〇年の出雲大社地下の巨大杉柱など、出雲の歴史を転換させる大発見が続き、それ以外にも島根・鳥取両県の各所で弥生時代の重要な遺跡がいくつも発掘されたことにより、出雲「虚像」論は再考を余儀なくされたからである。それゆえに旧時代になされた出雲神話研究は、その使命を終えている場合が多い。

当然、「考古学的な徴証によっても、出雲国は、特別な政治・文化の中心地であったという証拠はなにひとつ見出されない」（五三頁）と述べていた松前も火の粉をかぶることにはなったが、「宗教王国」論が松前を救出した。二〇〇二年三月に松前は急逝するが、自らが整理していたという最晩年の論文をまとめた『古代王権の神話学』（雄山閣、二〇〇三年）のなかで、九六年の加茂岩倉遺跡の発掘を踏まえた松前は、「古代出雲宗教王国が、弥生時代から存在していたことが、立証された」と高らかに宣言している（三八頁）。たしかに、松前の主張が新たな考古学的成果にも堪えられる強度を持っていたことを示すものではあるが、それゆえに松前の主張が認められるかというと、そこに至るにはまだ検討の余地を残していると言わねばならない。

七、八世紀のころとして松前が想定していた出雲宗教王国が弥生時代まで遡って存在したのなら、それはいかなる実態をもつものか、そのあたりの具体的な姿は本書でも以降の論考でも明らかにされておらず、その点で有力な仮説というところで止めざるをえないのである。ちなみに、弥生時代に遡ればヤマトという勢力そのものが生まれてもいないわけで、そのなかで出雲宗教王国なる存在とはどのようなものであったのか、と問うてみたくなる。そのためにも、松前の学統を受け継ぐことのできる神話学者の出現が俟《ま》たれるのである。

最後に、松前健という稀有な神話学者が誕生する契機として、戦争体験が大きくかかわっていたということにふれておきたい。志望ではない大学に入学した途端に徴兵猶予の撤廃により非常召集がかかって入隊したのは一九四三年末のこと、翌年六月にはフィリピンへと送られ、ホロ島・タラカン島・南ボルネオなどの南方戦線をさまよい、終戦を迎えた南ボルネオのサマリンダで捕虜生活を送り四六年五月末にようやく帰国する。自伝の副題にもあるとおり、「戦場の死線」をさまようという経験は、松前にとって過酷な、そして腹立たしく理不尽な体験であったに違いない。

そうした戦争体験を経ることで、神話研究への思いが芽生えたと松前は回想する。「こんなに馬鹿げた戦争に、日本をかりたてた原因」、「今までの独善思想を醸成した伝統的民族思考」を洗い直すために神話を考えようとしたのだ、と。その松前の後輩であり、学統を受け継ぐ資格をもつ上野誠は、「松前は、戦後を余命として生きた」と指摘し、「神話研究が解禁された戦後の喜びを終生持ち続けた人であった」と述べている（「解説にかえて」前掲『古代王権の神話学』所収）。

一九八〇年以降に学会などで幾度か謦咳《けいがい》に接しただけのわたしだが、受贈した『ある神話学者の半生記』を読み返すたびに、真摯に神話に向き合い続けた学者の姿を思い浮かべ、神話を研究する意味を考えさせられるのである。

（千葉大学名誉教授）

KODANSHA

本書は、一九七六年に講談社現代新書の一冊として刊行されました。文庫化にあたり、書誌情報などを最新版に改訂しました。

松前　健（まつまえ　たけし）

1922-2002年。國學院大學文学部卒業，同大学大学院修士課程修了。天理大学，立命館大学，奈良大学等で教授職を歴任。専攻は神話学，宗教学。文学博士。著書に『日本神話の新研究』『古代伝承と宮廷祭祀』『日本神話の謎』『大和国家と神話伝承』『古代信仰と神話文学』のほか，「松前健著作集」（12巻・別巻1），学術文庫に『日本の神々』がある。

講談社学術文庫

定価はカバーに表示してあります。

出雲神話《いずもしんわ》

松前《まつまえ》　健《たけし》

2024年10月8日　第1刷発行
2025年2月17日　第2刷発行

発行者　篠木和久
発行所　株式会社講談社
東京都文京区音羽 2-12-21 〒112-8001
電話　編集（03）5395-3512
販売（03）5395-5817
業務（03）5395-3615

装　幀　蟹江征治
印　刷　株式会社ＫＰＳプロダクツ
製　本　株式会社国宝社
本文データ制作　講談社デジタル製作

ISBN978-4-06-536911-1

「講談社学術文庫」の刊行に当たって

これは、学術をポケットに入れることをモットーとして生まれた文庫である。学術は少年の心を養い、成年の心を満たす。その学術がポケットにはいる形で、万人のものになることは、生涯教育をうたう現代の理想である。

こうした考え方は、学術を巨大な城のように見る世間の常識に反するかもしれない。また、一部の人たちからは、学術の権威をおとすものと非難されるかもしれない。しかし、それはいずれも学術の新しい在り方を解しないものといわざるをえない。

学術は、まず魔術への挑戦から始まった。やがて、いわゆる常識をつぎつぎに改めていった。学術の権威は、幾百年、幾千年にわたる、苦しい戦いの成果である。こうしてきずきあげられた城が、一見して近づきがたいものにうつるのは、そのためである。しかし、学術の権威を、その形の上だけで判断してはならない。その生成のあとをかえりみれば、その根は常に人々の生活の中にあった。学術が大きな力たりうるのはそのためであって、生活をはなれた学術は、どこにもない。

開かれた社会といわれる現代にとって、これはまったく自明である。生活と学術との間に、もし距離があるとすれば、何をおいてもこれを埋めねばならない。もしこの距離が形の上の迷信からきているとすれば、その迷信をうち破らねばならぬ。

学術文庫は、内外の迷信を打破し、学術のために新しい天地をひらく意図をもって生まれた。文庫という小さい形と、学術という壮大な城とが、完全に両立するためには、なおいくらかの時を必要とするであろう。しかし、学術をポケットにした社会が、人間の生活にとってより豊かな社会であることは、たしかである。そうした社会の実現のために、文庫の世界に新しいジャンルを加えることができれば幸いである。

一九七六年六月　　　　野間省一